KB195696

들려주세요, 세상을 향해!

당신의 이야기를···.

잔잔한 떨림이 있는 여러분의 오늘을 축복합니다.

2024년 12월 작가 김정미

김정미 (조안샘)

미디어 콘텐츠로
세상과 소통하라

미디어 콘텐츠로
세상과 소통하라

초판 1쇄 발행   2024년 12월 10일

지은이   김정미(조안쌤)
발행인   곽철식

편집   김나연
마케팅   박미애
디자인   박영정
펴낸곳   다온북스
인쇄   영신사

출판등록   2011년 8월 18일 제311-2011-44호
주소   경기도 고양시 덕양구 향동동391 향동dmc플렉스데시앙 ka1504호
전화   02-332-4972   팩스   02-332-4872
전자우편   daonb@naver.com

ISBN 979-11-93035-56-6(03320)

유튜브 크리에이터 입문서

미디어 콘텐츠로 세상과 소통하라

《유튜브로 당신의 삶을 리디자인 하라》 개정판

김정미 지음

다온북스
DAON BOOKS

일러두기

- 영어 및 역주, 기타 병기는 본문 안에 작은 글씨로 처리했습니다.
- 각주는 본문 아래에 작은 글씨로 처리했습니다.
- 참고 도서 및 기사는 각주 또는 병기로 처리했습니다.
- 외래어 표기는 국립국어원의 규정을 바탕으로 했으며, 규정에 없는 경우는 현지음에 가깝게 표기했습니다.
- 유튜브 채널 [조안아카데미 → 재생목록 → "나는 유튜브를 통해 퍼스널 브랜딩을 한다"]에서 더 다양한 유튜브 제작 관련 영상을 참고할 수 있습니다.

이제 유튜브 플랫폼은 젊은 사람들만의 전유물이 아니다.

통계로 보면 유튜브 시청자 중 40~50대가 가장 많은 시간을 소비한다고 한다.

그런 이유 때문인지 '중장년 유튜버'가 빠르게 늘고 있다.

"당신도 유튜브를 하고 싶지만, 무엇을 어떻게 해야 할지 막막하진 않은가?"

이 책《미디어 콘텐츠로 세상과 소통하라》는 인생 2막을 리디자인하고 싶은 중장년의 꿈을 현실로 이뤄줄 길로 친절히 안내해 줄 것이다.

단희TV (단희쌤, 이의상)

차례

제4장 당신의 소명을 찾아가라

제1장

나는 유일무이한 유튜버다

유튜버 마인드셋

많은 사람이 말한다. "유튜브는 이제 비전이 없다"고. 그런 말을 하는 사람들은 실질적으로 유튜브를 하지 않는 사람이거나, 유튜브 채널을 운영했지만 별다른 재미를 보지 못했다고 스스로 생각하는 사람들한테서 나올 수 있는 전형적인 루머다.

2020년, 국내 4년제 대학 중 최초로 세종사이버대학교에 유튜버 학과가 신설됐다. 프로 유튜버와 1인 미디어 크리에이터 등 미래 인재를 양성하고자 유튜브 플랫폼에 대한 전반적인 교육을 제공하고 있다. 또한 영상 및 사진 촬영, 영상 편집, 유튜브 방송 채널 구축 등 유튜버 특강을 비롯한 실무 위주의 교육과정을 제공하고 있다.

"20대 청년들 10명 중 7명이 유튜버 도전하고 싶다고 밝힌 가운데 해당 학과에 대한 인기가 치솟을 것으로 보인다."[1]

국내 4년제 대학에서 '유튜버학과'를 개설했다는 것은 '유튜브'가 이제는 하나의 학문 영역으로 인정받은 셈이다. 세종사이버대학교

---

1 "대학 입학하면 4년 동안 유튜브 보고 영상제작하는 '유튜버 학과' 드디어 생겼다", 〈인사이트〉, 2019.12.13. 참고

뿐만 아니라 서울사이버대, 한양사이버대, 김포대, 서울호서예술실용전문학교 등 여러 교육기관이 1인 미디어 시대에 대응하고 있다.

실제로 지난 2019년 취업포털 사이트 '사람인'에서 성인 3,543명을 대상으로 한 설문조사에 따르면 20대의 70.7%가 유튜버 도전의 의향이 있다고 답했다. 게다가 교육부와 한국직업능력개발원이 발표한 진로 교육 현황조사에서도 초등학생 희망 직업 5~3위가 유튜브 크리에이터를 차지했다.

필자는 경북 교육청 문화원에서 '크리에이터' 수업을 하고 있다. 경상북도 내에 있는 모든 초·중·고 학생들이 크리에이터 진로 수업을 받기 위해 온다. 수업하는 클라스마다 학생들에게 장래 희망이 무엇인지를 꼭 묻는다. 그럴 때마다 빠지지 않고 나오는 직업군이 바로 '유튜버'다. 1,000명 이상의 구독자를 보유하며 유튜브 크리에이터로 활동 중인 필자를 보는 그들의 시선은 놀라움과 부러움, 신기함 그 자체다.

내게 수업받는 초등학생 친구들은 묻는다.

"선생님, 유튜브에서 돈 많이 벌어요?"

아이들이 이렇게 묻는 건, 돈을 얼마나 버느냐가 최대의 관심사이기 때문이다. 앞으로 유튜브를 비롯한 콘텐츠 시장은 계속 커질

것으로 보여진다. 2019년 기준 1주당 136만 원이었던 '구글' 주식이 지금은 계속 상승세를 타고 있는 것만 보더라도 유튜브의 예측 성장을 기대할 수 있다.

최근 유튜브에서는 짧은 동영상을 다루는 플랫폼인 '유튜브 쇼츠'를 구축하면서 10~20대층을 많이 유입하고 있다. 유튜브의 막강한 경쟁력을 잃지 않기 위해 유튜브는 끊임없이 진화하고 있는 셈이다. "이제는 더 이상 유튜브는 별 볼 일 없다", "유튜브는 레드오션이라서 지금 진입하면 늦었다"라는 말로 시대적 흐름과 역행하는 하지 않기를 바란다.

▷▷ 유튜브는 퍼스널 브랜딩의 최고봉이다

"'어떤 영역'을 말했을 때 떠오르는 대표적인 사람이 바로 퍼스널 브랜드(Personal Brand)이고, 그것을 사람들에게 인식시키는 전 과정을 퍼스널 브랜딩(Personal Branding)이라고 한다."[2]

일관성 있는 콘텐츠를 가지고 유튜브를 하다 보면 특정 분야의 전문가가 될 수 있고, 자기 삶 또한 원하는 대로의 모습으로 만들어 갈 수 있다. 필자가 초창기 유튜버 시절에 선택했었던 키워드는 '좋은 습관'과 '자존감 향상'이었다. 성공하는 사람들이 공통으로 갖추고 있는 것 중 하나가 바로 새벽 5시 기상이었다. 무작정 '그들을 따

2　[퍼스널브랜더 김인숙 블로그, '퍼스널 브랜드의 정확한 뜻과 의미',
　　<https://blog.naver.com/bestarbrand>, 2018. 02. 01.]

라 하기만 하면 내 삶에도 변화가 오지 않을까?'라는 설렘과 확신으로 나의 루틴을 만들어 갔다. 결국 2년이라는 시간 속에서의 새벽 5시 기상은 나를 작가로 만들어주었고, 유튜브 제작 및 관리기법을 전문적으로 가르치는 강사가 되게 해주었다. 내가 유튜브를 하지 않았더라면 이뤄지지 않았을 엄청난 결과물들이다.

그야말로 유튜브는 나를 '퍼스널 브랜딩'하기 위한 최고의 도구인 셈이다. 나의 경험을 통해서 얻을 수 있었던 것들이기에 현장에서 수강생들을 지도하는 나의 에너지는 호소력이 있을 수밖에 없다. 내 수업을 받아 본 수강생들은 "조안쌤 덕분에 저에게도 꿈이 생겼습니다", "유튜브를 잘할 수 있을 것 같다는 자신감이 생겼습니다", "컴맹이었던 저에게도 잘 해낼 수 있다는 희망을 불어넣어 주셨습니다", "겁을 잔뜩 먹었었는데 조안쌤 보면서 따라가면 되겠다는 확신이 생겼습니다"라며 긍정적인 피드백을 해 주었다.

유튜브는 지극히 평범한 삶을 살았던 과거의 나를 작가이자, 유튜브 강사인 지금의 나로 만들어주었다. 그리고 앞으로 5년 후면 내 모습은 더 큰 성장을 이룰 거라 장담한다. 나는 분명히 유튜브의 비전을 보았기 때문이다. 퍼스널 브랜딩의 최고봉인 유튜브! 계속 망설이고만 있을 것인가? 평소 기계와 친하지 않았던 나 역시 하고 있다. 유튜브의 비전을 보게 된다면 얼마든지 극복해낼 수 있다.

▶▶ 유튜브는 충실한 나의 파이프라인이다

구독자 1,000여 명과 시청 시간 4,000을 채우면 광고 수익 활동을 할 수 있게 된다. 꾸준히 영상 올리는 것을 포기하지만 않는다면 누구나 가능하다. 하루 8~9시간을 꼬박 일해서 벌어들인 수익은 내 신변에 무슨 일이 생기게 되면 그 수익조차 포기해야 할 때가 있다. 하지만 유튜브 광고 수익은 내가 일하는 시간을 꼬박 채우지 않더라도 가능한 일이다. 잘 만들어 놓은 영상 하나가 평생 나를 위한 분신이 되어 일해준다.

MBN의 「서민갑부」 프로그램에 출연한 분들은 잠자는 시간만 빼고 온종일 자신의 사업을 위해서 올인한다. 물론 한 분야에 대한 장인정신은 높이 살만하지만 필자는 안타깝게 느껴지는 부분도 있다. 자신을 위해 오롯이 투자할 수 있는 여유로움은 없기 때문이다. 하루 중 최소한의 시간은 일을 하고, 일정 부분은 나를 위해 보낼 수 있는 시간도 가질 수 있는 사람이 진정한 부자의 모습이 아닐까 생각해본다.

▶▶ 유튜브는 나의 충실한 '포트폴리오'가 된다

'포트폴리오(Portfolio)'란 자신의 실력을 보여줄 수 있는 작품이나 관련 내용 등을 집약한 자료 및 작품집을 말한다. 필자는 처음 유튜브를 시작할 때 나의 유튜브 채널과 함께 성장하고 싶은 마음이었다. 그래서 습관과 자존감이라는 키워드로 출발하게 되었고, 유튜

미디어 콘텐츠로 세상과 소통하라

브에 대한 확신을 갖게 되면서 유튜브 강사까지 해야겠다는 의지를 다질 수 있었다. 유튜브를 시작할 때부터 '유튜브 강사가 된다'는 생각을 갖진 않았었다. 그러나 자기계발서를 읽다 보니 어느 순간 '나도 성공하고 싶다'라는 마음이 간절해지기 시작했다. 그들처럼 따라 하면 나도 될 것 같다는 확신이 들어서 무작정 따라 하기 시작했고, 그러한 과정들을 영상으로 찍어두면서 하나씩 하나씩 나의 스토리를 쌓아갔다. 그렇게 좋은 습관을 몸에 장착하다 보니 나의 자존감은 저절로 높아갈 수 있었고 유튜브 강사로까지 자리 잡을 수 있었다.

내 유튜브 채널 안에 있는 나의 영상들은 나의 기록물이 되어 각 기관에 강사 이력서를 낼 때마다 충실한 나의 포트폴리오가 되어 주었다. 유튜브 강사로 지원하는 곳에서 기본적으로 원하는 것은 SNS 채널 링크였다. 서류 심사, 면접 심사에서 볼 수 없는 부분들을 나의 유튜브 영상들이 대신해 주고 있다. 여태껏 이력서를 제출한 곳에서 99.9%의 합격률을 보여왔기에 자신 있게 말할 수 있다. 혹시 특성화 고등학교를 진학하고자 하는 자녀가 있다면 유튜브 채널에 자녀의 활동물을 기록해 두기를 적극적으로 권한다. 충실한 자료가 될 것이다.

"수도선부(水到船浮)"라는 고사성어가 있다. '물이 차면 배가 떠오른다'라는 뜻으로 물이 불어나면 큰 배가 저절로 떠오르듯이 준비된 자에게는 언젠가는 기회가 온다는 의미이다. 유튜브 채널을 운영하면서 인생 2막을 준비해 보지 않으려는가?

▶▶ 유튜브를 하다 보면 나의 달란트(강점)를 찾을 수 있다

'유튜브를 시작하려면 하고자 하는 콘텐츠가 있어야만 가능하다'라는 관례적인 말을 듣고 겁부터 먹는 수강생들을 많이 봐 왔다. 특정한 콘텐츠가 정해진 상태에서 시작하면 일단 50%는 갖춰진 듯한 마음을 먹게 된다. 그렇다고 해서 그들이 끝까지 가는 건 아니다. 초보 유튜버에겐 해내고자 하는 '열정'만 있으면 된다. 처음에 콘텐츠를 정해놓고 시작하더라도 자기 적성에 맞지 않아 바꿀 수도 있고, 반대로 콘텐츠가 없는 상태에서 시작했다가 자기에게 딱 맞는 콘텐츠를 찾게 될 수도 있다.

'닭이 먼저냐 달걀이 먼저냐?'는 절대 중요하지 않다. 일단 시작하는 것이 가장 중요하다. 이것저것 고민만 하다가 일 년이 넘도록 아직 시작조차 못 한 이들을 수없이 봐 왔다. 무조건 시작하다 보면 어느 순간 '내가 무엇을 좋아하고 잘하는지?', '무엇을 할 때 내가 행복해하는지?' 깨닫게 된다. 필자도 유튜브를 하게 되면서 기계를 싫어했지만, 유튜브와 관련된 부분에서만큼은 파악하고 분석하는 능력이 있다는 것, 쉽게 가르치는 능력이 있다는 것을 알게 되었다. 이는 여러분들에게도 해당될 수 있다.

▶▶ 유튜브는 노후를 위한 보험이다

지역마다 개설된 평생교육원 교육 프로그램으로 '유튜브 제작하기' 과목이 인기다. 노후에 무위(無爲)가 주는 고충은 이루 형언할 수가 없을 테지만 유튜브를 하다 보면 무료함과는 이별하며 지낼 수 있다. 잘 키워진 채널은 노후에도 든든한 버팀목이 되어줄 것이다. 국민연금 외에 고정적으로 유튜브에서 수익이 발생한다면 손자 손녀들에게도 멋있고 능력 있는 할아버지 할머니로 보일 것이다.

당신의 노후는 어떤 모습으로 보이길 원하는가? 화려한 인생 2막을 보여주고 있는 대표적인 시니어 유튜버로 박막례 할머니가 있다. 브이로그와 여행, 요리, 메이크업 등 다양한 콘텐츠를 올리며 117만여 명의 구독자를 보유하고 있다. 구독자가 100만 명이 넘으면 기업인 셈이다. 베스트셀러가 된 할머니의 저서『박막례, 이대로 죽을 순 없다』의 전문에 인상적인 내용이 담겨 있어서 잠시 소개해 본다.

> "희망을 버리면 절대 안 돼요. 희망을 버렸으면 다시 주서 담으세요. 그러믄 돼요. 희망은 남의 게 아니고 내 거에요. 여러분이 버렸으면 도로 주서 담으세요. 버렸어도 다시 주으세요. 인생은 끝까지 모르는 거야."
>
> -[박막례, 김유라(2019),『박막례, 이대로 죽을 순 없다』(위즈덤하우스)] 중에서

칠순이 훨씬 넘으신 연세에 당신이 이렇게 유튜버로 유명해져서 유튜브 CEO와 구글 CEO를 만나고 온 국내 최초의 시니어 유튜버가 될 거라고 상상이나 하셨을까? 평소 입담이 좋았던 할머니는

유튜브를 만나게 되면서 그녀의 기량을 마음껏 뽐낼 수 있게 된 것이다.

노후에 유튜브를 하면서 매달 나오는 광고 수익으로 먹고 싶은 것 먹고 여행 다니고 싶은 데 다니면서 그렇게 즐겁게 살 수 있다면, 그야말로 축복받은 삶이라 할 수 있겠다.

당신이 좋아하는 것
vs 잘할 수 있는 것

"자신이 좋아하는 것을 할 것인지? 자신이 잘할 수 있는 것을 할 것인지?"

유튜브 콘텐츠를 정하는 데 있어서 많은 수강생이 힘들어하는 부분이 바로 이것이다. 어느 하나를 좋아하면서 잘할 수 있는 것이 있다면 그 사람은 축복받은 사람이다.

좋아하면서 잘하기까지 하다니, 이것만 한 것이 어디 있겠는가? 하지만 그 두 가지를 충족하고 있는 이들은 극소수다. 유튜브를 하는 사람들을 세 유형으로 나누어 볼 수 있다. '현업'에서 종사하고 있는 일로 잘할 수 있는 것을 하는 이, 평소 자신이 하고 싶었지만 시간이 없어 엄두를 내지 못해 유튜브를 하면서 '취미로 좋아하는 것'을 하는 이, 이도 저도 특별히 할만한 것이 없어 '무작정 시작'해서 하는 이가 그것이다.

이 세 가지 유형 중 결국 오랜 기간 꾸준히 영상을 올리지 못하고 그만둘 확률이 가장 높은 유형이 바로 '현업'(잘할 수 있는 것)으로 유튜브를 시작한 사람이다. 자신의 분야에서 영상을 업로드할 만한 콘텐츠가 고갈되면 결국 주저앉게 된다.

하지만 좋아하는 것을 하는 사람들은 다르다. 그들에겐 '도전성'이라는 핵심 무기가 있다. 그것이 그들을 끊임없이 달리게 하고 편안한 일상을 거부하게 만든다. 축구계의 아이콘이었던 박지성은 축구를 하기에 가장 열악한 조건인 평발이었다. 축구를 너무도 좋아했었던 그는 축구로 승부를 걸고 싶어 했고 자신의 한계를 뛰어넘는 투지와 도전정신으로 신화를 이루어냈다.

유튜브 또한 마찬가지다. 유튜브로 단기간에 성과(상업적인 마케팅은 제외)를 만들어보고자 하는 마음은 내려놓아야 한다. 영상을 올릴 때마다 느낌이 좋은 영상이 있다. "아, 이번 영상은 정말 잘된 것 같아. 왠지 떡상할 것 같다"라고 생각된 영상도 막상 업로드하면 나의 예감과 달리 시청자 반응이 나오지 않을 때가 더 많다.

필자도 아직 떡상은 경험해보진 못했다. 유명 유튜버들의 말을 빌리자면 "꾸준하게 올렸을 때 나도 예상하지 못했었던 영상이 빵 터질 때가 있다"라고 말한다.

그만큼 유튜브 시장에서 변수는 늘 생기기 마련이다. 구독자 한 명이 늘었다가 구독자 두 명이 줄었다 하는 것에 일희일비해서는 힘들어진다. 자신이 좋아하는 것을 하면서 즐길 수 있어야 한다.

미디어 콘텐츠로 세상과 소통하라

"나의 일상은 지극히 단조로운 날들의 반복이었다. 잠자고 일어나서 밥 먹고 연습, 자고 일어나서 밥 먹고 다시 연습, 어찌 보면 수행자와 같은 하루였다. 하지만 내가 알고 있는 한 어떤 분야든 정상에 오른 사람들의 삶은 공통적이게도 조금은 규칙적이고 지루한 하루의 반복이었다. 나는 경쟁하지 않았다. 단지 하루하루를 불태웠을 뿐이다. 그것도 조금 불을 붙이다 마는 것이 아니라 재까지 한 톨 남지 않도록 태우고 또 태웠다. 그런 매일 매일의 지루한 그러면서도 지독하게 치열했던 하루의 반복이 지금의 나를 만들었다"

-[강수진(2013), 『나는 내일을 기다리지 않는다』(인플루엔셜)] 중에서

발레리나 강수진의 투혼이 보이는 글이다. 좋아하는 것을 잘하는 것으로의 경지로 이르게 하기 위해서는, 한 톨의 재까지 남지 않도록 태우고 또 태우려는 반복의 시간이 절대적으로 필요하다. 그러나 많은 사람이 좋아하는 것을 잘하는 것으로 성장시키지 못하는 건 누구에게나 찾아올 수 있는 슬럼프의 한계를 이겨내지 못해서다. 될 때까지 한다면 분명 잘하게 되어 있다.

'안되는 건 안 되는 것이다'라는 어리석은 논리로 자신의 약한 지구력을 합리화시키지 말자. 우리의 강한 의지는 우리가 예전에 미처 경험해 보지 못했었던 그 이상의 역량을 가지고 있다. 부디 자신을 믿자.

주변의 피드백은 당신의 선택에 의해 ♥ ➔ ⋯ 필터링된다

초보 유튜버 시절, 첫 영상을 올렸을 때의 주변 반응을 지금도 잊을 수가 없다. 내가 원하지 않았던 영상에 대한 피드백을 쉴 새 없이 들었던 기억이 난다. "얼굴 근육이 지나치게 경직되어 있다." "시선이 불안해 보인다." "목소리가 작다." 등 다양한 모니터링이 나를 불편하게 했었다.

겸손한 마음에 영상에 대한 피드백을 해달라고 주변인들에게 그렇게 말은 했지만, 정작 내 안의 나는 피드백을 받아들일 만한 마음의 준비가 되어 있지 않았던 듯하다. 그래서 적지 않게 상처를 받기도 했었다.

'정말로 나라는 사람이 유튜브를 괜히 시작한 건지….'
'부족한 것투성이인 내가 과연 잘할 수 있는 건지….'
'오히려 공개적으로 망신만 당하고 수일 내에 접는 건 아닌지….'

별의별 생각들이 그때의 나를 지배했었던 것 같다. "듣기 거북할 정도로 언짢은 말을 상대가 나한테 해왔을 때 내가 그 말을 받아들

미디어 콘텐츠로 세상과 소통하라

이지 않는다면 그 말은 내뱉었던 상대의 것이 된다"라고 말씀 주셨던 MK대학의 김미경 대표님의 한 마디는 내 마음의 중심을 잡을 수 있는 계기가 되었다.

초보 유튜버인 여러분들에게 건네지는 피드백은 여러분들이 받기를 '거절'하면 된다. 자신의 자존감을 하락시키는 필요 이상의 말들은 결코 조언이 아니다. 관심의 단계를 넘어선 간섭이라고 볼 수 있다. 주변의 소리를 무조건 거부한다는 것이 아니다. 그것은 방종이 된다. 자신이 받아들여서 스트레스를 감내할 정도까지만 '받기'를 수락하고, 나머지는 '거절'을 선택하면 되는 것이다. 초보 유튜버들이 초기에 자신의 멘탈을 관리하지 않으면 오래 이어 가기 힘들다. 내 수강생 중 10%가 유튜버로 활동 중인데 멘탈 관리에 힘들어하는 사례가 있었다.

"악플을 감당해 내기가 힘들다."
"가벼운 마음으로 접근했다가 막상 해보니 만만치 않다."
"콘텐츠에 대한 확신이 없다."
"영상 편집에 대한 심적 부담이 간다."
"생각했던 것보다 영상 하나 만들어 올리는 것에 대한 소요 시간이 너무 많이 걸린다."

이러한 여러 이유로 유튜버가 되겠다는 마음을 단기에 내려놓는 이들이 의외로 많다. 새로운 일을 하는 데 있어서 그냥 되는 것이 있었던가? 요행을 바라는 마음은 내려놓아야 한다.

필자도 500m 달리기를 쉽게 완주하려는 마음에 요행을 바랐다가 크게 홍역을 치른 적이 있었다. 자신이 어떠한 환경에 처해 있더라도 자신을 보호할 수 있는 든든한 백그라운드는 '나 자신이다'라는 생각을 명심, 또 명심해야 한다.

크리에이터 생활을 하다 보면 내부의 적에 의해 포기하는 경우 또한 적지 않다. 외부의 적을 필터 없이 내 안에 무조건 받아들이다 보면 어느 순간 포화 상태가 되고, 결국 그것은 내부의 적을 만들게 되어 급기야 '유튜버 포기'라는 결과를 낳게 된다.

그러므로 나의 내부를 잘 단속해야 한다. 내 안의 나를 절대적인 아군으로 포섭하여 어떠한 상황에서도 내 편이 될 수 있도록 만드는 과정을 꾸준히 단련해야 한다. 이 과정을 게을리하다 보면 순식간에 내부의 적에게 점령당하게 된다. 초보 유튜버들이 6개월 이내에 그만두는 경우가 많은 것도 결국 이러한 이유가 대다수다. 무엇보다도 즐기려 하는 마음이 절대적으로 필요하다.

첫술에 배불러지려는 마음은 버리자. 오래된 된장이 더 숙성돼서 맛이 깊고 풍미가 있지 않던가? 콘텐츠를 올릴 때도 다양한 각도에서 여러 가지 방법으로 시도해서 올리면 예상치 못했던 일들이 반드시 일어나기 마련이다.

어제보다 조금 더 나아진 오늘의 영상 그리고 오늘보다 조금 더 좋아진 내일의 영상에 의미를 두자. 그 마음만이 우리를 매력 있는 유튜버가 되도록 잡아 줄 수 있을 것이다.

관종이 돈 버는 세상임을 아는가?   ♥ ➤ ⋯

'관심받고 싶어 하는 사람'을 뜻하는 '관종'은 '관심(關心)'이라는 단어와 '종자(種子)'라는 단어가 결합되어 만들어진 합성어 '관심종자(關心種子)'의 준말이다. 2010년도부터 10대 중·고등학생들 사이에서 유행한 이 단어는 주로 '관심받고 싶은 욕심 때문에 과도한 언행을 보이는' 연예인이나 SNS상의 유명인을 비하하는 용어로 사용되어왔다. 이는 관심을 끌고자 하는 누군가를 비하할 때 활용되면서 사용의 용례는 넓혀졌다. 관종남, 관종녀, 관종 배우, 관종 아나운서, 관종 국회의원, 관종 변호사를 넘어서 이제는 반려동물과 결합해 관종견, 관종냥. 그뿐만 아니라 사람들의 시선을 사로잡을 수 있는 의복이란 뜻의 관종옷, 관심을 받을 수 있는 아이템을 뜻하는 관종템 등 특정 사물을 묘사하는 단어로 활용되고도 있다.

또한 특정 유튜버들 사이에서 '자신의 상품을 의도적으로 구설에 오르게 함으로써 소비자들의 이목을 끌려는 마케팅 전략'으로 '노이즈 마케팅'을 쓰기도 했는데 이제는 '관종 마케팅'으로 불리고 있다. 게다가 세인의 주목을 받는 것이 경제적 성패의 주요 변수라는 뜻의 관심경제가 기존의 맞춤형 뉴스, 맞춤형 검색 혹은 추천 상품 알림 등을 의미하는 표현에 그쳤던 데 반해 이제는 관심만 끌면 돈을 벌 수 있고 관종이 모든 자본을 가져다줄 수 있다는 개념으로 '관종 경제'라는 이름으로 발전했다.

-[임홍택(2020), 『관종의 조건』(웨일북), 19~21쪽] 참조

관종들의 매력이 자본주의 시장의 핵심 자산으로 급부상하게 되면서 '관종'이란 뜻도 정화돼 "끊임없이 자신만의 매력을 탐구하고 이를 발산시키려고 노력한다"라는 긍정적인 의미로 사용되고 있다. 유튜버로 성공하기 위해서는 최소한으로 갖춰야 하는 요소 중 하나가 '관종'이 된 것이다. 유튜버의 매력이 돈이 되는 가장 큰 이유는 경제 패러다임의 변화 때문이다.

유능한 인재상도 시대와 경제 시스템에 따라 변화되어 왔다. 2차 산업 시대에는 '공장 노동자', 3차 산업 시대에는 '지식 노동자', 4차 산업혁명 시대인 지금은 '관종'을 보유한 사람이 경제적 패러다임의 주류를 이루고 있다. '관종'이라는 용어를 이젠 더 이상 밀어내서는 안 되는 시대가 된 것이다.

필자도 유튜버가 되기 전에는 '관종'이라는 말을 참 싫어했었다. 자기를 지나치게 드러내는 것이 때로는 상대에게 불편함을 줄 수 있다는 것을 알기에 알아도 모른 척, 있어도 없는 척, 듣고도 못 들은 척하는 것이 삶의 미덕이라고만 생각했었다.

하지만 이제는 시대적 요구가 바뀌었다. 자신을 과감하게 표현할 줄 알아야 하고, 때와 장소에 따라서 드러낼 줄 알아야 자신에게 오는 기회를 100% 활용할 수가 있다.

초보 유튜버들의 절반 정도가 보여주는 성향 중 하나가 바로 '얼굴 비공개'다. 자기 얼굴이 공개되는 것이 불편하다면 처음에는 비공개로 진행하다가 구독자가 많아지고 영상 업로드에 대한 자신감이 생기면 그때 공개해도 된다.

"선생님, 저는 끝까지 얼굴 비공개로 가는 콘텐츠를 할 건데요.
손만 나오는 콘텐츠라서 굳이 얼굴 공개는 하지 않아도 되지
않을까요?"

한 수강생이 얼굴 비공개 콘텐츠에 관해 질문해 온 적이 있다. 물론 그래도 된다. 안 될 건 없다. 하지만 채널이 커지다 보면 시청자들은 유튜버가 어떤 사람인지 궁금해한다. 또한 그들의 일상은 어떠할지 알고 싶어 한다. 왜냐하면 유명 유튜버 정도가 되면 공인이기 때문이다.

영향력 있는 인플루언서이기에 구독자들은 유튜버와 더 직접적으로 소통하고 싶어 하고 유튜버의 일거수일투족을 공유하면서 좀 더 밀착된 커뮤니케이션을 바라게 된다. 그때쯤 돼서 얼굴을 공개

미디어 콘텐츠로 세상과 소통하라

한다면 인기도 역시 상승할 예도 많기에 '나의 얼굴은 영원히 비공개로 간다'라는 생각에서는 조금 자유로워졌으면 한다.

삶에 대해 소극적이었고 매사에 자신감 없이 생활했었던 한 유튜버가 크리에이터 활동을 하게 되면서 전혀 다른 성격의 소유자가 된 경우도 봐 왔다.

유튜버가 되면 마음먹기에 따라서 자신의 성격도 바뀌 갈 수 있는 것이다. 물론 여기에 '용기와 결단력'은 절대적으로 필요하다고 볼 수 있다. 단순히 마음먹는 것만으로는 실행 의지가 부족하다. 이게 아니면 안 된다는 간절한 마음이 있어야 가능하다.

'관종 유튜버'. 이제 우리를 지칭하는 수식어로 만들어보면 어떨까? 남들이 하는 얘기를 무조건 귀담아들을 필요가 없다. 때로는 내가 가고자 하는 삶의 방향에 장애가 될 수 있기 때문이다. 나의 실력이 출중하고 누군가에게 도움을 주고 선한 영향을 줄 만한 달란트가 내 안에 갖춰지게 된다면 세상을 향해 과감히 표출하자. 그러다 보면 나의 모습은 한층 더 성장하고 있을 것이다.

하나를 내어주면 하나를 잃게 되는 것이 아니라 오히려 둘을 채우게 된다는 인생의 묘미를 알아가게 된다. 변화된 경제적 패러다임이 요구하는 '관종 유튜버'로 자본의 흐름 속에 합류해 보자.

당신 안에 있는 끼를 끄집어내라

유튜브를 꾸준히 하다 보면 자신의 달란트를 발견하게 된다. 필자 또한 그랬다. 사전 각본 없이는 영상 촬영이 힘들 거로 생각했던 과거와 달리 지금은 한 시간짜리 실시간 스트리밍을 대본 없이 진행할 수 있게 됐다. 나에게도 상황대처 능력이 있었던 것이다. 그렇게 유튜브의 매력에 빠지다 보니 가르쳐봐야겠다고 생각하게 됐고, 그러한 열정은 짧은 시간에 결과물을 만들어 낼 수 있었다.

유튜브를 처음 시작했던 시절에 유튜브에 대해 가르치는 강사가 된다고 생각해본 적이 없었다. 원래 나는 첫 저서인 『내 아이 자존감 수업』을 내면서 '부모 자녀를 위한 자존감 향상 프로그램' 강사가 되려던 계획이었다. 그러나 유튜브를 하게 되면서 꿈의 가지가 하나 더 늘어나게 된 셈이다.

내가 유튜브를 시작해야겠다고 생각했을 무렵, 유튜브의 '유'자도 몰랐던 내가 기초부터 차근차근 배울만한 교육기관을 찾기가 힘들었다. 지방이라는 지역적 한계라 생각한 필자는 내가 사는 지역사회에서 '유튜브 채널을 운영하는 유튜브 전문 강사 제1호'가 되겠

미디어 콘텐츠로 세상과 소통하라

다는 생각으로 하나씩 하나씩 준비해갔고, 마침내 여기까지 올 수 있었다. 지금은 개인이나 소그룹을 대상으로 유튜브 컨설팅을 하고 있고, 학교 및 관공서에서도 유튜브 제작 수업을 하고 있으며 유튜브 인플루언서 자격증 과정, 유튜브 강사 양성과정을 진행하고 있다. 이 모든 것들이 유튜브를 시작했기에 일어날 수 있는 일들이었고, 잠재된 나의 달란트를 찾은 계기가 됐다.

여러분들은 자신의 달란트를 누군가가 물어왔을 때 "이거다!"라고 자신 있게 말할 수 있는 것이 있는가? 몇몇 사람들은 알고 있으면서도 겸손하게 일부러 말하지 않은 사람들이 있는가 하면, 대다수는 자신의 달란트가 무엇인지 알지 못한다. 그것은 자신 내면의 소리에 관심 두지 않으면서 살아왔기 때문이다.

필자가 지도하는 수강생들의 연령층은 주로 중장년이다. 인생 2막을 준비해갈 수 있는 연령대이기에 나처럼 유튜브를 배우고 싶어 하는 이들에게 도움을 주고 싶었다. 자기 안에 잠자고 있는 끼, 달란트를 밖으로 끄집어내어 그것을 세상을 위해 쓸 수 있도록 기회를 만들어 주고자 함이었다.

표현하기를 좋아하는 사람들은 거침없이 자기 안의 것들을 보여주려 한다. 하지만 이것에 익숙하지 않은 사람들은 표현하는 방법을 모르기 때문에 안에 고이 놓아두는 것이 겸양이라 생각한다. 그 생각을 깨트려야만 진정한 나를 발견할 수가 있다.

유튜브가 그것을 위한 충실한 도구가 될 수 있다. 필자도 그러했고 나에게 교육받고 지금까지 꾸준하게 유튜브 채널을 운영하는 수강생들 또한 달란트를 발견하여 인생 2막의 삶을 신명 나게 살아가고 있다.

'Better late than never'[3] 이라는 영어 속담이 있다. '늦었다고 생각할 때가 가장 빠를 때다, 전혀 안 하는 것보다 늦게라도 하는 것이 낫다'는 의미다. 뭔가를 시작하는 데 있어서 적절한 때란 없는 법이다. 그 시기는 내가 정하는 것이고, 내 마음이 가는 것에 따라 우선순위가 정해지는 것이다.

또 중국 속담 중에는 '불파만 지파참(不怕慢 只怕站)'이 있는데, 느림을 두려워하지 말고 멈춤을 두려워하라는 뜻이다. 아이들 뒷바라지, 남편과 부인 뒷바라지하는 데에 자신의 많은 삶을 보내왔다면 인생 후반부는 여러분 자신을 위해 과감히 투자해 보자.

그리고 당신 안에 있는 끼를 끄집어내라. 당신조차도 미처 알지 못했던 것들이 상상 이상으로 많이 나올 수 있다. 아이들의 적성만 찾느라 과반수의 삶을 살아왔으니 이제는 당신 자신을 위해 후회 없이 써보는 것이다.

---

3   It's better to do something late than to never do it at all의 줄임말

유튜브를 하다 보면 당신의 끼를 찾을 수 있게 된다. 단 '꾸준히'라는 요소가 반드시 들어갔을 때다. 이를 발견하게 되면 종일 휴대전화로 작업하느라 편집 삼매경에 빠지게 될 날이 많아진다.

"편집에 대한 두려움 때문에 유튜브 시작하기가 겁난다"라고 말하던 수강생분도 계셨다. 걱정할 필요 없다. 편집은 유튜브의 옵션일 뿐이다. 편집 없이 순수하게 그대로 올리면서도 1만 이상의 구독자를 보유하고 있는 채널도 많다.

유튜버가 되려면 영상 편집도 잘해야 한다는 선입견은 버리는 것이 좋다. 과장되게 꾸미지 않고 진정성을 보이며 '나다운 나'로 살아가기 위한 열정을 보일 수만 있으면 중장년 유튜버가 갖춰야 할 요건은 충족된 것이다.

들리는가?

당신 안에서 꿈틀거리고 있는 끼의 움직임 소리가?

나오게 하라, 바깥세상으로!

취미에 3년만 투자하라

'당구풍월(當狗風月)'이라는 고사성어가 있다. 서당에서 3년간 살면서 매일 글 읽는 소리를 듣다 보면 개조차도 글자를 읽을 줄 알게 된다는 뜻이다. 이는 곧 무슨 일이든 오래 보고 들으면 일정 수준의 지식과 경험을 갖게 됨을 비유적으로 이르는 말이다. 취미활동에 3년만 투자해 보라! 당신은 그 분야에서 전문가가 될 수 있다.

평균 수명이 늘어나게 되면서 '평생직장'이라는 개념이 사라졌다는 건 누구나가 인지하고 있는 사실이다. 두 가지 이상의 직업군을 가지며 살아가고 있는 'N잡러'들이 사회구조의 패러다임이 되어가고 있다.

평소에 너무 배워보고 싶었던 것이 있었거나 시간이 나질 않아서 늘 마음속에만 간직하고 있었던 취미활동이 있다면 이젠 과감하게 그것을 위해 시간을 할애해 보라. "하고는 싶은데 시간이 없어서 못하고 있다"라는 말은 변명에 지나지 않는다. 실현하고자 하는 의지와 간절함이 없었기 때문에 늘 우선순위에서 미뤄왔던 것이다.

필자가 유튜브 전문 강사가 될 수 있었던 것은 평소 휴대전화 만지는 것을 좋아하거나 컴퓨터 활용하는 능력이 탁월해서도 아니다.

단지 '유튜브를 하지 않으면 시대적 흐름에서 도태되어 갈 것 같다. 유튜브를 활용하여 인생 2막을 새롭게 준비해 가보자'라는 야심 찬 의지에서 시작된 것이다. 유튜브 세계에 빠져들다 보니 비전을 보게 되었고, 그것을 많은 사람과 나누고 싶어서 유튜브 강사로까지 오게 된 것이다.

실제로 나의 채널을 운영해 보면서 경험한 노하우가 만만치 않다 보니 현장에서 들려줄 수 있는 것들이 많았다. 내가 수강생들의 내면에 잠재되어 있었던 꿈과 바램을 발견하고 세상 밖으로 끄집어낼 수 있도록 촉매제 역할을 하다 보니 그 모습이 수강생들에겐 진정성 있게 다가가고 있는 듯하다.

MK대학의 김미경 대표는 "한 분야에서 3년만 투자하면 전문가가 될 수 있다"라고 했고, 단희TV의 단희쌤은 "한 분야에 관련된 책을 50권 이상 섭렵하면 전문가가 될 수 있다"고 했다. 나는 그들의 말을 적극적으로 수용하였고 지금의 자리까지 오는 데는 3년이 채 걸리지 않았다. 주변 지인들은 "대단하다"라는 말로 나를 평가했지만, 잠자는 시간 줄이고 하루 24시간을 철저하게 관리하며 생활해 왔던 날들의 결과물이라 해도 과언이 아니다. 얼마든지 좋아하는 취미활동을 전문업으로까지 끌어 올릴 수 있다.

급변하는 사회의 흐름 속에서 시간을 즐기기 위해서는 한 가지 분야에만 올인해서는 안 된다. 이제는 멀티가 되어야 한다. "취미는 단지 좋아하는 취미일 뿐이고, 취미가 특기가 될 수는 없다. 그러한 경우는 극히 희박하다"라고 말하는 사람들의 이야기는 적당히 패스하면 된다.

취미가 특기로 될 때까지 노력해 보았는가? 안되면 될 때까지 해 보는 거다. 그런 의미에서 『뜨겁게 나를 응원한다』라는 책에 소개된 글 한 편을 공유해 본다.

"어떻게 올라갔습니까?"

세계 최초로 에베레스트 산을 등정한 에드먼드 힐러리 경에게 물었더니 이렇게 답했다. "한 발 한 발 걸어서 올라갔지요. 진정으로 바라는 사람은 이룰 때까지 합니다. 안된다고 좌절하지 않습니다. 안 되면 방법을 달리합니다. 방법을 달리해도 안 될 때는 그 원인을 분석합니다. 분석해도 안 될 때는 연구합니다. 이쯤 되면 운명이 손을 들어주기 시작합니다."

-[조성희(2021), 『뜨겁게 나를 응원한다』(생각지도)] 중에서

바로 이거다. 운명이 손을 들어줄 때까지 해 보면 되는 거다. 나를 행복하게 해 주었던 취미가 어느 순간 나의 자산이 되어줄 것이다.

퍼스널 브랜딩이 필요한 이유

우리나라를 비롯한 세계 경제가 자본과 노동 중심의 산업경제에서 지식과 기술을 중심으로 하는 창조경제로 변화되면서 IT, 디자인, 콘텐츠 분야의 1인 창업이 급속하게 증가했다. 2011년 10월에 '1인 창조기업 육성법'이 본격적으로 시행되면서 스티브 잡스(Steve Jobs)의 '애플'이나 마크 저커버그(Mark Zuckerberg)의 '트위터' 등과 같은 창의적인 인물과 기업을 배출하는 발판이 될 1인 창조기업이 증가하면서 본격적인 1인 창조기업 시대가 열렸다. '1인 창조기업'은 주로 지식서비스 분야에서 독특한 아이디어를 갖고 있는 개인이 창업을 통해 매출, 이익을 창출하는 경우를 1인 창조기업이라고 부른다. 성공적인 1인 창조기업으로 평가받고 있는 '지니비니'의 이진경 대표는 "실력 있는 인재와 창의적인 아이디어가 결합해 경쟁력 있는 산업을 만들어 가는 구심점을 이루는 셀 형태의 핵심 기업이라며 1인 창조기업의 '1인'은 숫자로서 한 명을 의미하는 것이 아니라 핵심 인재를 의미하는 것"이라고 말했다. 중소기업청의 한 관계자는 "미국의 경우 직장인의 50% 이상이 초소형 기업으로 전환되는 추세"라며 "우리나라도 IT, 디자인, 콘텐츠 분야의 1인 창업이 급속히 늘고 있다"고 전했다.

-"성공한 1인기업 10人에게 듣다", <아시아 경제>, 2011. 10. 25. 참고

전문지식과 기술을 기반으로 한 1인 창조기업은 최근 청년실업과 고령화로 인한 일자리 문제를 해결하고, 중소 규모의 알짜배기 기업 위주의 탄탄한 경제구조를 형성하는 데 기여할 수 있을 것이라는 낙관적인 전망 속에서 꾸준한 관심을 끌고 있다. 1인 창조기업의 대표는 경쟁력이 있어야 하고 자산 가치를 올리려면 '퍼스널 브랜딩'이 절대적으로 필요하게 되었다.

삶에 대한 배움과 투자에는 끝이 없다고 본다. 그것은 마치 '마라톤'과 같다. 과한 욕심으로 초반에 열정이 지나치면 장거리를 소화해낼 수 없다. 자신의 페이스를 고려하면서 충분히 호흡을 조절할 수 있는 여유를 가져야 한다.

자신의 24시간을 숨 쉴 틈 없이 빠듯하게 일정을 짜면 위험하다. 외부로부터 2시간이라는 Input의 시간을 가졌다면, 혼자만의 시간을 통해 그것을 온전히 내 것으로 만들 수 있는 Output의 시간을 가져야 한다. 이러한 과정이 반복되다 보면 어느덧 나 자신도 매일매일 성장해가고 있음을 발견할 수 있을 것이다.

나의 언행, 미소, 태도, 철학, 심지어 걷는 발걸음까지 나의 브랜드가 된다는 걸 명심해야 한다. 머리끝에서 발끝까지 섬세하게 챙기려는 마음 씀이 필요하다. 필자는 초보 유튜버 강사 시절에 뼛속까지 강사가 되기 위해 무진장 마음 썼던 기억이 난다. 눈 감고 있는 시간을 제외하고는 끊임없이 나 자신에게 세뇌를 시켰다.

"나는 당당한 강사이기에 늘 어깨를 꼿꼿이 펴고 걷는다."

"나는 집 앞에 있는 마트를 갈 때도 스타일에 신경 쓰고 간다."

"나는 인기 있는 강사이므로 세상에서 가장 쉬운 방법으로 중
　장년층들에게 유튜브를 가르친다."

"내 교육을 받은 수강생들은 유튜브로 인해 비전을 보게 된
　다."

이러한 자기 확언을 수시로 나에게 보냈다. 그 결과 나의 내면을
채우게 되면서 내적·외적으로 충실해지고 내가 원하는 방향대로 퍼
스널 브랜딩이 되어갔다.

유튜버가 갖춰야 하는 기본 요소는 '낙천적 마인드'다

"성공한 사람이 지닌 삶의 특별한 비결은? '모든 일을 낙천적으로 생각한다는 것'이다. 오늘부터 당신도 그렇게 하라. 오늘부터 자신의 결점에 집착하거나 낙심하지 말고 그 사실을 있는 그대로 인정하라. 오늘부터 문제를 지나치게 심각하게 받아들이는 것을 거부하라. 오늘부터 꾸준히 유머 감각을 기르고, 날마다 긴장을 풀어야 할 때 웃을 거리를 찾아라. 오늘부터 더욱 유쾌한 태도로 친구를 대하려고 노력하라. 오늘부터 유머를 문제 해결의 도우미로 이용하라."

-[나폴레온 힐, 민승남 엮음(2015),
『놓치고 싶지 않은 나의 꿈 나의 인생2』(국일미디어)] 중에서

유튜브 크리에이터로 활동하다 보면 예기치 못했던 일들을 많이 접하게 된다. 가장 대표적인 것이 영상에 대한 악플이다. 그 댓글을 다는 사람들은 나를 평소에 알고 있었던 지인일 수 있고, 불특정 다수의 타인일 수도 있다. 고의적인 악의를 품고 악플을 다는 사람이 있는가 하면, 나를 좀 더 긍정적으로 바라보고 한 번 더 확인해 보라는 의미에서 악플을 달아주는 사람도 있다.

미디어 콘텐츠로 세상과 소통하라

하지만 후자의 경우는 극히 드물다. 글 속에서는 상대의 의도가 느껴지기 때문이다. 이 글을 쓰는 사람의 에너지가 느껴지기에 악플은 그 자체만으로도 가슴 아프게 다가오게 된다. 악플이 주는 고통때문에 일상생활에 지장 됨을 느낀다고 했을 때는 악플을 차단하거나 숨김 기능을 설정할 수 있다. 그렇게 되면 내 채널 지수에 적잖은 영향을 미치지만, 그것이 최선의 방법이라면 그리할 수도 있다.

여기서 우리는 꼭 챙겨야 하는 것이 있다. 바로 '악플을 어떻게 볼 것이냐?'이다. 악플 그 자체로만 본다면 어리석은 일이다. 우리는 악플러의 의도를 관망해야 한다. '악플을 왜 그렇게 달았을까?'를 고민해봐야 한다. 분명 그 안에는 나를 좀 더 성장시키기 위한 행운의 열쇠가 들어있음을 우리는 인식해야 한다. 나를 힘들게 하고 기분 나쁘게 했다는 이유만으로 악플을 차단하거나 삭제하고, 숨김 기능으로 감춰버리면 내 본연의 이야기는 잠시 가려질 수는 있겠으나 제2, 제3의 악플러는 언제든 또 나오게 되어 있다.

결국 문제의 반복이 될 수 있다는 것이다. 악플의 근원을 파악하고, 글을 남기는 사람의 의도가 확인되었다면 그것을 긍정적으로 수용하여 앞으로는 좀 더 나아지도록 개선하겠다는 의지가 담긴 답글을 반드시 남겨야 한다. 유튜브는 시청자와의 '소통'을 중요하게 생각하는 플랫폼이기 때문이다.

악플에 대한 답글을 남기는 것이 나를 굽히는 비겁한 행동으로 생각된다면 관점을 바꿔야 한다. 그것은 절대로 비겁한 행동이 아니다. 내가 몰랐던 나의 부분을 겸허히 받아들이는 것이고, 더 발전된 방향으로 나아가기 위한 필요 관문이라고 생각해야 한다.

습관적으로 악플이 많이 달린다면 내 채널의 방향성과 크리에이터 나 자신의 생활상을 진지하게 들여다보고 고민해야 한다. 모든 것에는 다 이유가 있기 때문이다. 내 앞에 벌어지는 일들을 낙관적으로 바라보고 반드시 해결한다는 의지를 다져야 한다. 모든 사건 사고에는 원인이 있기 마련이고, 그것을 해결하기 위한 솔루션 또한 반드시 있기 마련이다.

유튜버 중에 악플에 대한 스트레스를 이겨내지 못해 그만두는 유튜버들도 꽤 많다. 시청자가 주는 경고의 소리를 우리는 진지하게 경청할 수 있어야 한다. 그것으로 인해 나에겐 반드시 '성장'이라는 열매가 올 수 있다는 것을 기억하며 겸허하게 받아들일 수 있는 멘탈을 갖자. 이 또한 하루아침에 뚝딱 만들어지는 것이 아니다. 평소에 낙천적인 마인드를 늘 가까이하고 웃을 수 있는 거리를 많이 찾아보는 것이 중요하다.

자신에게 '유머'라는 달란트가 있는 사람은 축복받은 사람이다. 유머는 사람과의 관계 속에서 중요한 도구가 된다. 때와 장소를 가리지 않고 유머러스한 사람은 '철이 없다'라고 평가받지만, 적절히 가려서 사용하는 사람은 지성이 높은 사람으로 인정받는다. 혹자는 유머를 배우기 위해 시간과 경제적 투자를 과감히 하는 이도 있다.

미디어 콘텐츠로 세상과 소통하라

"행복해서 웃는 것이 아니고, 웃다 보니 행복해졌다"라는 말이 있지 않던가? 웃을 일을 찾다 보면 정말 웃어지는 것이고 행복할 일을 찾다 보면 어느 순간 나의 일상이 충만해짐을 느끼게 될 것이다.

모든 일을 낙천적으로 바라보는 자세를 갖는 것도 하나의 습관이다. 습관적으로 남을 칭찬하고 나 자신에게도 칭찬해 보자. 칭찬은 고래도 춤추게 하는 힘이 있어서 나와 이웃을 행복하게 만드는 마력을 가지고 있다.

모든 매듭은 풀릴 수 있는 해답이 반드시 있기에 낙천적인 마인드를 늘 곁에 두자. 그러다 보면 진정 유튜버로서 즐길 수 있는 날이 온다고 감히 확신한다.

'시작한다는 것'이 중요하다

'나도 유튜브를 한번 해 보고 싶다'라는 새로운 비전이 생겼을 때 마음속에서 동요되는 이성의 힘에 호응하지 못하고, '이걸 과연 내가 할 수 있을까?' '사람들이 나를 어떻게 볼까?' 마냥 걱정만 하다가 시작조차 못 하는 사람들을 많이 봐 왔다. 심지어는 필자한테 유튜브를 배우러 온 순간에도 갈피를 못 잡아서 내가 손잡아 주기만을 바라는 분들도 있었다. 시작할 수 있는 행동력에 대한 '용기'라는 마중물이 제힘을 발휘하지 못하는 건 시작에 대한 '두려움'과 '걱정' 때문이다. 『걱정이 취미세요?』(2021)의 저자이자 멘탈 관리 분야의 세계적 베스트셀러 작가 세라 나이트(Sarah Knight)는 '유리멘탈의 붕괴 과정'을 이렇게 표현했다.

아무 행동도 안 함

멘붕

　우리는 위와 같은 순서를 반복하며 필요 이상의 두려움과 걱정으로 주변과 자신을 괴롭히게 된다. 결국 우리의 시간과 에너지 그리고 돈까지 소모하게 만든다. 세라 나이트 작가는 이러한 걱정의 굴레에서 탈출하기 위한 해결책으로 "내가 이것을 통제할 수 있는가?"라는 절대 질문을 제시한다. 이것은 내 마음속의 문제가 정말 지금 걱정할 가치가 있는지 그리고 내가 그 해결을 위해 무엇을 할 수 있는지에 대한 판단기준이 된다.

　참 재미있는 사실은, 평소 우리가 하는 97% 정도의 걱정이 '실제로 일어나지 않을 일에 대한 걱정'에 집착하며 산다는 것이다. 우리의 걱정거리가 통제할 수 있는 것이라면 이젠 더 이상 길게 걱정하지 않아도 된다. 이미 일어난 일은 깔끔하게 인정하고 잘못된 부분에 대한 반성은 철저하게 하자. 그리고 자신이 통제할 수 없는 것은 쿨하게 받아들이고 오로지 통제할 수 있는 것에만 집중하자. 망설이고 미적대며 생각만 하는 순간 우리에게 주어진 귀한 시간은 눈

깜짝할 사이에 지나가게 된다.

나의 꿈을 방해하는 지나친 걱정을 잘 관리하는 방법으로 일단 시작부터 하고 보려는 마음가짐이 때론 약이 될 수 있다. 막연하고 막막하기만 했던 것들이 시작하고 보면 길이 보이고 없던 길도 만들어지기 때문이다.

필자도 그랬다. 내 유튜브 채널을 운영하게 되면서 유튜브의 비전을 보게 되었고, 이것을 누군가와 함께 공유해야 한다는 생각이 앞서다 보니 가르치는 강사까지 하게 되었다. 핵심은 일단 시작했다는 것이다.

자, 여러분도 준비되었는가?

기계와 전혀 친하지 않았고 인터넷, 스마트폰과 가까이 지내지 않았던 내가 유튜브를 하고 있다. 여러분도 충분히 가능하다. 나도 했으니 여러분은 더 잘할 수 있다. 이것저것 따지지 말고 시작하고 보자. 그것이 답이다.

미디어 콘텐츠로 세상과 소통하라

당신의 브랜드 가치를 올려라

　나의 브랜드 가치를 올릴 방법으로 두 가지를 꼽는다면, '유튜브 크리에이터 되는 것'과 '자신의 책을 출판하는 것'이다. 필자는 이 두 가지를 통하여 눈에 띈 결과물을 이뤄낼 수 있었고 지금도 계속 성장하고 있다.

　유튜브 크리에이터는 특별한 사람만 되는 것, 말 잘하는 사람에게 유리한 것, 콘텐츠가 있는 사람만 할 수 있는 것, IT와 친하지 않은 사람은 불리한 것 등 여러 말들이 있지만 그건 단지 루머일 뿐이다. 삶에 대한 '열정'과 자신이 살아온 일들에 대한 소중한 이야기들을 이웃과 나누고 싶은 '사랑'만 있다면 유튜브 크리에이터로서의 필요 충분조건은 갖추어져 있는 것이다.

　필자에게 유튜버가 되면서 변화된 게 있다면 충실한 삶을 살아가기 위한 좋은 습관 8가지를 장착하게 되었고, 그로 인해 건강한 자존감을 확립할 수 있게 되었다는 것이다. 이제는 어딜 다니면 조안아카데미 '조안쌤'이 아니냐고 알아보는 사람이 생겼다. 남편 친구의 자녀들은 가족 모임에서 나를 만나면 "연예인 이모야 왔다"라며 반긴다.

지방에서 생활하고 있는 내가 유튜버가 아니었으면 감히 들을 수 있는 말이었겠는가? 때와 장소에 따라서 나에게 있는 재능(유튜브 제작, 관리 기술, 영상 편집 기술)을 무료로 나눌 수도 있으니 이 얼마나 행복한 일인가?

또한 책을 출간하게 되면서 나 스스로 업그레이드가 많이 될 수 있었다. 오래전에는 문단에 등단한 사람만이 책을 낼 수 있었지만, 지금은 1인기업 시대가 도래하면서 자기 분야에 대한 전문성만 갖추고 있으면 누구든지 실용서를 낼 수 있게 되었다. 책을 쓴 작가가 되면 네이버에 인물등록을 할 수 있는 조건까지 갖추게 되니 자신의 브랜드 가치는 자동으로 올라갈 수밖에 없다. 책을 쓰는 것도 '책 쓰기 코칭' 전문가의 도움을 받기만 하면 친절하고 상세하게 안내해준다. 중요한 건 간절한 마음이다.

'내가 과연 할 수 있을까?'라는 생각으로 의심하고 걱정하지 말자. 해보지도 않고 걱정부터 하는 어리석은 태도는 과감히 버리자. 필자는 책 쓰기 코칭과 1인 지식창업을 하기 위해 약 네 달간을 서울에 다녀왔었다. 주 1회 또는 2회 다녀오기를 기존의 일을 하면서 병행한다는 것이 쉽진 않았다. 새벽 5시 37분 첫 KTX를 타고 교육을 받은 후 마지막 기차를 타고 오면 자정을 넘기도 했다.

지탱할 수 있는 체력의 한계가 느껴질 때면 내 안에 용솟음치고 있는 꿈을 상기했었다. 그 어떤 환경의 요인들이 내 뜻과 나의 비전을 방해할 수는 없었다.

그렇게 책을 출간하고 나니 작가라는 직업이 하나 더 생겼다. 이제는 "강사님"이라는 호칭보다 "작가님"이라는 호칭으로 불릴 때 기분이 더 흐뭇하다. 이 책은 나의 네 번째 책으로, 현장에서 겪었던 노하우들을 집대성하여 중장년 유튜브 새내기들이 쉽게 보고 이해하며 따라 할 수 있도록 나의 열정에 집중했다.

자신의 브랜드 가치를 올릴 방법으로 그 밖에 여러 가지가 있을 테다. 그러나 중요한 건 '내 마음에서 얼마만큼 끌어당기느냐?'이다. 아무리 많은 사람이 선호한다고 해도 정작 내 마음 안에서 울림이 일어나지 않는다면 빛 좋은 개살구에 불과하다. 당신의 브랜드 가치를 올리기 위해 지금 당장 당신이 할 수 있는 일은 무엇인가?

제2장

이 정도는 알아야
진정한 유튜버다

유튜브 입문편

구글 계정에 대한 이해

    구글(Google) 계정을 사용하면 이메일 주소와 비밀번호로 구글 전체에서 부분의 구글 제품에 간편하게 액세스할 수 있으며 데이터를 제어할 수 있다. 유튜브 채널을 개설하는 데도 구글 계정이 반드시 필요하다. 이를 안전하게 잘 사용하기 위해서는 '계정 보안을 강화시키는 과정'은 필수다. 구글 계정 2단계 인증을 진행하게 되면 비밀번호가 도용되는 경우에 대비하여 계정 보안을 한층 강화할 수 있다.

1. 구글 홈으로 들어가서 우측 상단의 '프로필 사진' 터치 → '구글 계정 관리'
를 터치한다.

2. '보안'을 터치하면 중앙 하단에 '2단계 인증'이라는 메시지가 나온다. 화면
   에서 안내하는 대로 따라가서 인증하면 필자와 같은 화면이 된다.

★Tip★

2차 인증을 설정해 두면 타인에게 ID와 비밀번호가 누출되어도 계정 접근
은 불가능하다. 타인에 의한 로그인 시도 시 구글로부터 '2차 인증 관련 메
시지 알림'을 받을 수 있다. 이를 인지하고 비밀번호를 변경하면 계정 탈
취로 인한 피해를 사전에 예방할 수 있다.

[구글에서 전송된 2차 인증 관련 메시지
(자료 출처: 보안뉴스)]

구글 구독 결제 취소하는 방법

필자와 활용하게 될 '키네마스터(모바일 동영상 편집기)' 앱은 유료와 무료로 활용이 가능하다. 유료로 결제하면 더 많은 기능들을 이용할 수 있기에 구글로 결제하게 된다. 처음 다졌던 각오와는 다르게 부득이 결제를 취소해야 할 때 방법을 몰라 미루고 있다가 자동 결제가 되어 불편함을 호소해 오는 경우가 있었다. 필자가 소개하는 방법대로 들어가 보자.

1. 구글 검색창에서 '구글페이 결제' 검색 → '결제 수단'을 터치한다.

2. '거래 내역'으로 들어가면 현재 구글페이로 자동 결제 중인 항목을 확인할
   수 있다.

3. 'OOFLE LLC에 문의'를 터치 후 '콘텐츠 구매 또는 구독' 항목을 터치한다.

4. 'Google Play에서 정기 결제 취소'를 터치한다.

5. 정기 결제를 취소하고자 하는 항목 터치 → 하단의 '정기 결제 취소'를 누른다.

미디어 콘텐츠로 세상과 소통하라

6. '정기 결제가 취소'되었다는 최종 메시지를 반드시 확인한다.

일반채널 vs
브랜드 채널에 대한 이해

　유튜브 계정은 본인 계정과 비즈니스 관리 계정이 있다. 비즈니스 관리 계정으로 구글 계정을 만들면 구글 비즈니스로 등록할 수 있는 이점이 있다. 이 두 계정은 각각 기본(일반)채널을 만들 수 있고 그 하위조직으로 브랜드 채널을 만들 수 있다.

　기본(일반)채널은 타인과 협업해서 채널을 관리해야 할 때 자신의 ID와 비번을 공유해야 하므로 개인정보가 노출될 수 있는 위험이 있다. 그러나 브랜드 채널을 만들게 되면 '관리자 추가 기능'이 있어서 각자의 ID와 비밀번호로 운용이 가능하다. 개인정보 노출의 위험 부담은 덜 수 있으며 채널명은 14일 간격으로 2회 수정이 가능하다. 브랜드 채널은 200개까지 만들 수 있으며, '소유권 이전'도 가능하다.

　자신의 기본(일반)채널을 운영하다가 확장의 필요성을 느끼게 되면 그때 기본(일반)채널에서 브랜드 채널로 채널 이전도 가능하니 편안하게 운영해 보기를 제안한다. 자신의 채널이 브랜드 채널인지, 기본(일반)채널인지 궁금하다면 다음과 같이 확인해 보자.

❶ 채널홈으로 접속해 '설정'을 클릭한다.

❷ 설정 하단 카테고리에 있는 '계정'을 클릭하면 내 계정을 확인할 수 있다. 계정 화면에서 '관리자 추가 또는 삭제'라는 메시지가 있으면 그 채널은 '브랜드 채널'이라고 보면 된다.

채널명 만드는 데에도 요령이 있다 ♥ ↱ ⋯

　채널명을 짓는 데도 전략이 필요하다. 막연하게 의미 없는 이름으로 채널명을 만들어서 진행하는 것보다는 좀 더 체계적으로 자신의 채널명에 대해 고민하고, 논리적인 부분을 적용하여 접목한다면 꽤 괜찮은 채널명을 만들 수 있을 것이다. 나만의 채널명을 짓기 위한 몇 가지 팁을 소개해 보기로 한다.

▷▷ 첫째, 채널명과 주제의 연관성을 갖게 한다.

　자신이 하고자 하는 콘텐츠 방향이 정해졌다면 채널명을 짓는 게 훨씬 용이하다. 필자는 유튜브와 SNS 마케팅, 책 쓰기 컨설팅에 관한 교육을 진행하고 있기에 '아카데미'라는 이름을 사용하였다. 어떤 제품이나 물건을 구매하고 사용 후기를 올리는 채널이라면 ○○리뷰, 어떤 연구나 실험을 하는 채널이라면 ●●랩이라고 채널명을 지을 수 있다. 그러면 시청자들에게 채널명과 채널의 콘텐츠를 연상할 수 있게끔 도와줌으로써 구독자가 쉽게 기억할 수 있게 한다.

▷▷ **둘째, 기억이 가능한 글자수는 7글자로 한 호흡에 발음할 수 있는 게 좋다.**

MIT와 하버드대 교수로 지냈던 조지 밀러(George A. Miller) 박사의 논문에서도 발표된 바가 있는데, 일곱 글자가 넘으면 사람들이 하나의 단어를 기억해내기가 어렵다고 했다. 지역번호를 뺀 전화번호나 자동차 번호가 일곱 글자를 오랜 기간 유지했던 것도 이와 같은 논리에서 가져온 것이다.

▷▷ **셋째, 정해진 자신의 채널명을 유튜브 검색창에서 검색해봄으로써 동일 이름의 유무를 확인한다.**

기존에 누군가 동일한 채널명을 사용하고 있다면 그 이름을 피하는 게 좋다. 채널명은 유일무이한 것이자 자신의 채널을 차별화할 수 있어야 한다. 또한 기존에 먼저 사용하고 있었던 크리에이터에게 보여야 하는 최소한의 예의이기도 하다.

기존 채널명의 유무를 확인하는 방법은 다음 페이지와 같다.

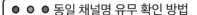

● ● ● ● 동일 채널명 유무 확인 방법

❶ 유튜브 검색창에서 사용하고 싶은 채널명을 입력한다.

❷ 동일명의 채널이 있을 경우 아래 이미지처럼 보여진다.

미디어 콘텐츠로 세상과 소통하라

썸네일에 대한 이해

    썸네일(Thumbnail)은 '엄지손톱'이라는 뜻으로 인터넷에서 작은
크기의 본보기 이미지를 가리키며 '맞춤 미리보기 이미지'라는 말
로 표현하기도 한다. 다시 말해 영상의 표지와 같은 역할을 함으로
써 영상의 하이라이트 부분을 통해 영상의 내용을 예측할 수 있게
한다.

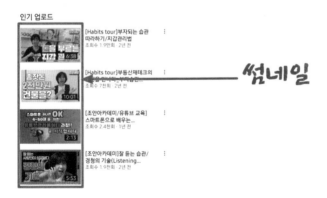

    썸네일이 유튜브 피드에 노출되는 시간은 2~3초에 해당한다. 불
특정 다수의 시청자에게 내 영상을 클릭할 수 있게 하려면 썸네일
을 잘 만들어야 한다. 시청자들의 호기심과 궁금증을 유발하기 위

한 썸네일은 어떻게 만들어야 할까?

▷▷ 첫째, 썸네일에 사용되는 사진은 잘 선별해야 한다.

영상 내용 중에서 마음에 드는 부분을 캡처해서 사용해도 되지만 필자는 되도록 썸네일 사진은 따로 촬영하기를 추천한다. 썸네일 사진이 영상의 전체적인 느낌을 예측할 수 있게 하기도 한다. 조금은 과장된 액션이 들어가면 썸네일 제목을 좀 더 효과적으로 전달할 수 있게 된다.

[조안아카데미/유튜브교육] 유튜브크리에이터과정

위의 사진처럼 귀 기울이는 액션이 '경청의 기술'이라는 단어를 좀 더 생생하게 전달하는 효과를 보인다.

▷▷ 둘째, 썸네일 제목에 '~하는 방법(How to)', 숫자를 사용하게
되면 시청자들의 클릭 욕구를 더 증가시킨다.

예) '부자가 될 수 있는 특급 비법' '성공하는 사람들의 7가지 습관' 등.

▷▷ 셋째, 썸네일의 글자는 크고 진하게 적는다.

유튜브 피드에서 보이는 시간이 극히 짧기 때문에 글자가 크고
진해야만 한눈에 읽을 수가 있다. 썸네일 사진이 밝은색이면 진한
색 폰트를 사용하고, 썸네일 사진이 어두우면 밝은 폰트를 사용하
면서 폰트 윤곽선 효과를 주는 것도 좋다.

▷▷ 넷째, 우측 하단에는 영상의 시간에 해당하는 숫자가 게시되기
때문에 썸네일 텍스트의 위치를 잘 고려해서 적는다.

썸네일 안에 적는 제목은 유튜브 AI에 검색되지 않는다. 썸네일
제목은 시청자들을 후킹(시청자들의 마음을 사로잡아서 끌어당긴다
는 의미) 하는 용도로만 사용되며, 썸네일 제목과 설명란에 적는 제
목이 달라도 무방하다.

저작권법에 대한 이해

저작권(著作權)이란 저작자의 권리와 이에 인접한 권리를 보호하기 위하여 만든 법률로 어문, 문학, 미술, 건축, 사진, 영상, 도형, 컴퓨터프로그램 저작물 등이 이에 속한다. 다시 말해 창작자에게 그것을 보호하고자 하는 권한을 주는 것을 뜻한다. 내가 직접 만들지 않은 것에 대해서 함부로 도용해선 안 되지만 원저작물의 시장수요를 대체하지 않는 정도에 한해서는 인용할 수 있게 해준 법이 있다. 「저작권법」 제28조가 그것이다. 모든 창작자는 공정이용의 원칙을 준수하는 방향으로 사용해야 하며 그 예시는 다음과 같다.

▷▷ **첫째, 사적 이용을 위한 복제는 허용된다.** (「저작권법」 30조)

개인적으로 이용하거나 가정 및 이에 준하는 한정된 범위 안에서 이용하는 경우를 말한다.

▷▷ **둘째, 학교 교육 목적 등에의 이용 시 허용된다.** (「저작권법」 25조)

그 외 시사 보도를 위한 이용, 영리를 목적으로 하지 아니하는 공연이나 방송 등의 목적으로 저작물을 제한적으로 인용하는 경우를 말한다.

▶▶ 셋째, 2차적저작물은 허용된다. (「저작권법」제5조)

원저작물을 번역, 편곡, 변형, 각색, 영상 제작 그 밖의 방법으로 작성한 창작물은 독자적인 저작물로서 보호된다. 2차적저작물의 보호는 그 원저작자의 권리에 영향을 미치지 아니한다.

저작권의 법률을 상담하는 기관이 다수 있다. 한국저작권위원회, 한국문예학술저작권협회, 한국음악저작권협회(저작물 검색), 한국소프트웨어저작권협회, 한국저작권보호원, 한국복제전송저작권협회 등이 있다. 한국저작권위원회는 정부에서 운영하는 기관이고 나머지는 민간단체다.

통상적으로 대중음악 같은 경우 30초 정도는 사용 가능하다고 알려졌지만, 음원 종류에 따라서 10초만 사용해도 유튜브 업로드 시 '저작권'이라는 메시지가 뜨는 경우가 있다. 대다수 유튜버에게 적용되는 단계는 채널에 악영향을 미치지 않는 경미한 수준에 해당된다. 유튜브 파트너가 되었을 때 발생하는 광고 수익만 원저작자에게 양보하면 된다. 그 외에 발생하는 조회수, 구독자 유입 등은 오롯이 유튜버의 몫이기에 '저작권'이라는 메시지에 유연해도 좋을 듯하다.

대다수 유튜버에게 적용되는 단계는 채널에 악영향을 미치지 않는 1단계에 해당한다. 군이 그 음악을 써야 하는 이유가 있는 영상이라면 그 영상에 대한 광고 수익 활동(유튜브 파트너로 활동하기 위한 기본조건을 충족시켰을시)만 포기하면 된다. 필자에게도 수강생들에게 교육용으로 활용할 목적으로 몇 개의 그런 영상이 있긴 하다.

"이 노래를 써도 되는지, 쓰면 안 되는지는 어떻게 알 수 있나요?"라고 묻는다면, 일단은 비공개로 유튜브에 업로드하면 유튜브 AI가 친절하게 알려준다. 저작권 침해사항이 떠서 불편하다면 삭제 후 재업로드하길 제안한다.

미디어 콘텐츠로 세상과 소통하라

❶ 유튜브 내 채널 → 동영상 관리 클릭

조안아카데미
@joanacademy · 구독자 4.29천명 · 동영상 1천개

#.당신의 브랜드를 발굴하고 계발하여 ...더보기

blog.naver.com/jmkcolor 외 링크 6개

채널 맞춤설정   동영상 관리

홈   동영상   Shorts   라이브   팟캐스트   재생목록   커뮤니티   🔍

❷ 제한사항에 '저작권' 메시지 확인

동영상	공개 상태	수익 창출	제한사항	날짜 ↓
🎬 15:59 #겸손의힘 #생각의힘 #명상 ♨ 서서[유튜브 콘텐츠지도사 자격 가이드]구매하기 /신간...				게시됨
🎬 19:48 [하루20분 나에게 보내는 긍정확언] 괜... #긍정확언 #괜찮아충분히잘하고있어 #100 일필사챌린지 ♨ 저서[유튜브콘텐츠지도...	🌐 공개	$ 사용	없음	2024. 5 게시됨
🎬 13:35 이것은 천국에서 내린 가장 달콤한 이슬... #보이차의효능 #독서추천 #겸손의힘 ♨ 저 서[유튜브콘텐츠지도사 자격 가이드]구매...	⚠ 부분적으...	⚡ 요건 미충족	저작권	2024. 5 게시됨
🎬 11:01 당신의 DNA 얼마만큼 인지하고 있는가... #DNA #독서나눔 #이진리가당신에게달기 를 안녕하세요,브랜드 메이커 조안쌤입니...	🌐 공개	$ 사용	없음	2024. 5 게시됨

❸ '저작권'에 마우스 클릭 → 세부정보 보기. 저작권에 위배된 영역과 그 저작권의 권한이 누구에게 있는지 상세히 확인할 수 있다.

미디어 콘텐츠로 세상과 소통하라

키워드에 대한 이해

'키워드(Keyword)'란 시청자의 유입을 끌어내는 핵심 단어를 뜻한다. 즉, 시청자가 데이터를 검색할 때 사용하는 단어나 기호, 이미지, 비디오 등을 일컫는다. 시청자의 유입을 끌어내기 위해 브랜드나 제품 및 서비스를 잘 표현해주는 것뿐만 아니라 타깃 시청자들이 주로 사용하는 높은 검색량의 키워드보다는 비교적 경쟁이 낮은 단어나 문구의 키워드를 찾아내는 것도 중요하다.

▷▷ 그렇다면 어떤 키워드를 사용해야 하는가?

타깃 시청자들이 주로 사용하고 트렌드를 잘 반영하는 키워드가 좋은 키워드라 할 수 있다. 좋은 키워드를 리서치하는 이유는 좋은 키워드를 찾아 콘텐츠 제작이나 검색엔진 최적화, 키워드 마케팅 등의 마케팅 전략에 사용하기 위해서다. 타깃 시청자 관점에서 구체적인 상황을 예측하며 키워드를 검색해 보는 것으로 시작하기를 추천한다. 많이 활용되고 있는 키워드 검색 Tool을 몇 가지 소개해 본다.

네이버 광고 (searchad.naver.com/)
키워드 툴 (https://keyword.tool.io)
키워드 매니저 (모바일에서만 지원되는 어플)
블랙키위 (https://blackkiwi.net)

다음으로 키워드를 설정하는 데에는 두 가지 방법이 있다.

▷▷ **첫째, 채널의 정체성을 고려하여 주제(대표) 키워드와 부주제 키워드를 선정한다.**

주제 키워드가 "교육"이라면 부주제 키워드는 '유튜브 교육' '유튜브 영상 촬영기법' '유튜브 영상 편집기법' 등이 된다. 이러한 키워드를 내 채널 '설정'에 들어가서 세팅해 놓으면 시청자들의 채널 영상 검색에 적용된다.

▷▷ **둘째, 유튜브 업로드 후 '설명 추가란'의 첫 줄에 키워드 3개를 입력하고, 추가 태그란에 12개까지 입력할 수 있다.**

유튜브는 태그를 총 15개까지 넣을 수 있다. 많이 넣는다고 해서 결코 좋은 게 아니다. (※제3장 '영상 업로드 후 상세설명란 세팅하기' 편을 참고하길 바란다.)

미디어 콘텐츠로 세상과 소통하라

❶ 내 채널 홈으로 접속

❷ 채널 맞춤 설정 클릭

❸ 좌측 하단 '설정' 버튼 클릭

채널 맞춤설정

레이아웃　보랜딩　기본 정보

주목 받는 동영상
채널 홈페이지의 상단에 동영상을 추가합니다.

비구독자 대상 채널 트레일러
동영상 제목
[조안아카데미/유튜브 교육] 스마트폰으로 배우는 유튜브크리에

재방문 구독자 대상 추천 동영상
동영상 제목
늙은 독수리에게서 배워야 할 이것은?

추천 섹션
최대 12개의 섹션으로 채널 홈페이지의 레이아웃을 맞춤설정합니다. 자세히 알아보기

인기 업로드(128개)

단일 재생목록 [조안아카데미/유튜브교육] 유튜브크리에이터과정(66개)

내 채널
조안아카데미

🔲 콘텐츠

≡ 재생목록

📊 분석

💬 댓글

📑 자막

© 저작권

$ 수익 창출

🪄 맞춤설정

🎵 오디오 보관함

⚙ 설정

❹ '채널' 클릭 후 '키워드'란에 주제·부주제 키워드 입력

설정

일반

채널

업로드 기본 설정

권한

커뮤니티

약관

기본 정보　고급 설정　기능 사용 자격요건

거주 국가
대한민국 ▾

현재 거주 중인 국가를 선택하세요. 자세히 알아보기

키워드
습관 ⊗　자존감 ⊗　https://www.youtube.com/channel/UCgwdzSgs... ⊗　✕
성공습관 재테크 ⊗　유튜브교육 ⊗　유튜버과정 ⊗　중년유튜버강사 ⊗
조안쌤 ⊗　조안아카데미 ⊗　유류브인플루언서자격과정 ⊗
유튜브강사양성과정 ⊗　유튜브강사 ⊗　포항유튜브강사 ⊗

값을 쉼표로 구분하여 입력하세요.　　　　　161/500

닫기　저장

댓글 차단, 삭제, 사용자 숨기기 기능 ♥ ↗ ⋯
활용으로 악플 스트레스는 버려라

　비교적 많은 사람이 유튜브를 선뜻 못하는 이유 중 하나가 바로 악플로 인한 심적 부담감 때문이다. 여전히 악플 스트레스를 이겨내지 못하고 안타까운 길을 선택하는 이들에 관한 기사가 이따금 나오고 있다. 내가 올리는 영상에 대해서 시청자들의 반응을 염려하고, 나의 의지와는 무관하게 행동해야 하는 거라면 유튜버로서의 멘탈이 지극히 약한 것이다. 그럴 필요 없다. 좀 더 당당하게 나아가자.

　유튜브는 소셜 네트워크라서 시청자들과의 소통을 중요하게 생각한다. '반응도 지수'라는 게 있는데 이는 시청자들의 '좋아요', '공유', '댓글', '구독 버튼'을 통해서 유튜브 AI에 의해 판별된다. 긍정적인 에너지의 댓글이든 부정적인 에너지의 댓글이든 간에 내 채널의 반응도 지수에 영향을 미친다는 뜻이다. 하지만 습관적으로 내 채널에 들어와서 악성댓글을 남기고 가는 시청자가 있게 되면 그것을 감당해 내는 게 여간 어려운 일이 아니다. 그 악플로 인해서 유튜브 활동을 중단하거나 포기하는 것을 넘어 극단적인 상황까지 몰고 가는 이들이 있으니 지극히 경계해야 할 일이다.

❶ 내 채널의 악플이 담긴 해당 동영상에 클릭 후 점 세 개를 클릭한다.

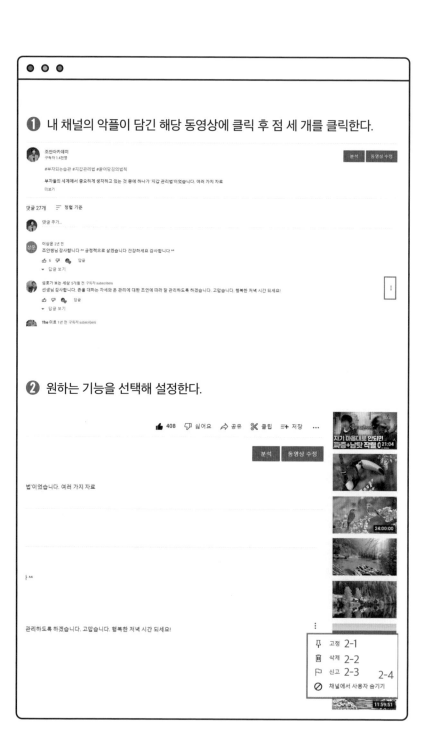

❷ 원하는 기능을 선택해 설정한다.

　　　　　　　　　　　　　　　　　　　미디어 콘텐츠로 세상과 소통하라

악플 스트레스 예방을 위해 유튜브에서 제공하는 '댓글 차단', '삭제 기능'을 적절히 활용하는 것도 도움이 되리라 본다. 해당 기능들에 대해서 알아보자.

(2-1) 고정: 긍정적인 댓글을 적어준 시청자의 댓글을 상단에 고정하는 기능이다.

(2-2) 삭제: 삭제하게 되면 댓글을 적은 당사자도 자신의 글이 삭제되었다는 걸 알 수 있다.

(2-3) 신고: 유튜브에 신고하는 기능으로 악플러에겐 계정 정지의 원인이 될 수 있다.

(2-4) 채널에서 사용자 숨기기: 악플이 다른 시청자들에겐 공개되지 않는다. 악플을 적은 당사자는 자신의 글이 '숨김 처리'되었는지 알지 못한다.

내공 있는 유튜버가 되기 위해서는 한 번쯤은 겪어야 하는 일이기도 하다. 필자도 나를 불편하게 하는 댓글이 있지만 일부러 삭제하거나 숨김 기능을 쓰진 않았다. 보란 듯이 앞으로 나아가는 모습을 보여주기 위해서는 나를 단련시키기 위한 채찍이라고 생각했기 때문이다.

"이 또한 지나가리니~!"

어떤 굴욕에도 흔들리지 않는 멘탈을 갖추자.

확장자에 대한 이해

['확장자(File name extension)'는 데이터 파일의 종류를 나타내는 징표로 파일의 종류나 목적을 분명히 나타내기 위하여 파일 이름 바로 뒤에 추가되는 짧은 문자열, 구두점(.)으로 시작되는 최대 3자까지의 (MS-DOS) 문자열, 또는 3개 이상의 문자로 구성된다. 여기에서 구두점은 구분 기호로써 사용된다. 모든 프로그램 파일 이름과 대부분의 데이터 파일 이름에는 파일 이름 확장자가 추가된다. 파일 이름 확장자는 프로그램 작성자 또는 사용자에 의해 추가되기도 한다.

같은 이름의 파일이라도 형식에 따라 각각 다른 추가 구문을 붙인다면 데이터 처리 오류도 막을 수 있으며 사용자들이 각 파일의 용도를 구분하는데도 훨씬 편할 것이다. 파일 형식을 구분하는 이러한 추가 구문을 '파일 확장자(Filename extension)'라고 하며, 1960년대 후반부터 본격적으로 널리 쓰이게 되었다. 예를 들어 같은 이름의 result 파일이라도 'pic'이라는 확장자가 붙는다면(result.pic) 이는 그림 형식의 데이터이며, '.txt'라는 확장자가 붙는다면(result.txt)

미디어 콘텐츠로 세상과 소통하라

이를 문서 형식의 데이터로 구분할 수 있다는 것이다.][4]

파일을 다운로드하다 보면 컴퓨터 좌측 하단이나 우측 상단에 확장자가 표기된다. PNG, JPEG는 이미지 사진을 뜻하고, MP3는 음원, 오디오 MP4는 동영상을 뜻한다. 가장 많이 사용되는 확장자이므로 잘 숙지해 두길 바란다.

---

4   네이버 참조

• 업데이트되는 내용은 유튜브 채널 [조안아카데미 → 재생목록 → "나는 유튜브를 통해 퍼스널 브랜딩을 한다"]를 통해 시청해 주세요!

제3장

이제부터 나도
유튜버다

유튜브 실전편

구글 계정 만들기

♥ ➤ ⋯

유튜브 채널을 개설하려면 구글 계정이 필요하다. 기가입된 계정의 ID와 비밀번호를 기억하고 있으면 그대로 사용하면 된다. 구글 계정을 만들 수 있는 회수는 무한하다. 계정을 새롭게 만들기를 원한다면 아래의 순서대로 따라가 보자.

1. 구글 검색창에서 '계정 만들기'를 입력한다.

미디어 콘텐츠로 세상과 소통하라

2. '계정 만들기' 주소창을 클릭한다.

3. 어떠한 계정 용도(개인용, 자녀용, 업무 또는 비즈니스용)로 사용할 것인지 결정 후 '계정 만들기'를 클릭한다. 홍보해야 할 사업장이 있는 경우엔 비즈니스 관리를 선택하는 것이 좋다. 구글 비즈니스 등록 기능을 활용해서 사업장을 홍보할 수가 있기 때문이다. 필자는 '본인 계정'으로 들어가 본다.

4. 이름, 이메일, 비밀번호를 입력한다. 이름은 본명이 아니어도 가능하다. 자신의 ID와 비밀번호는 휴대전화 메모장에 적어두기를 제안한다.

5. 생년월일과 성별을 입력하고 선택사항은 굳이 적지 않아도 된다.

미디어 콘텐츠로 세상과 소통하라

6. 구글 서비스 약관에 동의하고 '계정 만들기'를 클릭한다.

7. 정상적으로 구글 계정이 만들어지면 아래와 같은 그림으로 표시된다.

채널 개설하기

앞에서 제시했었던 기준에 따라 채널명을 만들었다면 이제 나만의 유튜브 채널을 개설할 수 있게 된다. 구글 계정 하나에 기본(일반)채널을 만들 수 있고, 기본(일반)채널의 하위조직으로 브랜드 채널을 만들 수 있다.

이제부터 유튜브 채널을 개설해 보자.

1. 구글 계정이 만들어진 마지막 상태 화면 우측 상단의 'Google 앱' 클릭 후 '유튜브'를 클릭한다.

2. '채널 만들기'를 클릭한다. 자동 랜덤으로 채널이 만들어졌다면 '채널 만들기'라는 말 대신 '내 채널 보기'로 뜰 것이다.

3. 일반채널명은 이름으로만 진행한다.

4. 일반채널이 만들어졌음을 확인할 수 있다.

미디어 콘텐츠로 세상과 소통하라

5. 일반채널의 하위그룹인 '브랜드 채널'을 만들어보자. 채널 아이콘을 누른 후 '설정'을 누른다.

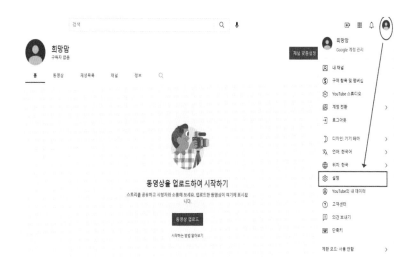

6. '새 채널 만들기'를 클릭한다.

7. 브랜드 채널명을 적은 후 '만들기'를 클릭한다.

8. 브랜드 채널이 만들어졌음을 확인할 수 있다. 브랜드 채널인지 확인할 방
법은 '채널 아이콘 클릭 브랜드 채널인지 확인할 방법은 '채널 아이콘 클릭
→ 설정 → 관리자 추가 기능'이라는 말이 있으면 브랜드 채널이다.

채널 홈의 대문과 같은
채널 아트 만들기

　내 채널의 정체성을 알려줄 수 있는 채널 아트를 '미리캔버스'에서 만들어 보자. ㈜미리디에서 운영하는 디자인 웹사이트이며 저작권 걱정 없이 무료로 고퀄리티 PPT 템플릿, 썸네일, 채널 아트, 시각자료, 포스터 등을 만들 수 있는 그래픽 웹사이트다(크롬이나 엣지, 네이버 웨일 브라우저를 이용해야 지원된다).

1. 구글 검색창에서 '미리캔버스'를 검색해 주소창을 클릭한다. 이때 구글 로그인이 되어 있어야 한다. 소셜 계정으로 간편 로그인하는 것을 추천한다.

2. '디자인 만들기'를 클릭한다. 여기서 '로그인' 버튼이 보이면 로그인해야 하는데, 작업한 파일을 다운받기 위해서는 필수다.

3. 좌측 상단에 있는 '⋁(꺾쇠 모양)'을 클릭한 후 '유튜브'를 선택한다.

4. '채널 아트'를 클릭한다.

5. 자신의 채널 아트로 사용하고자 하는 템플릿을 클릭한다.

꺾쇠 모양이 있는 상단의 픽셀 숫자가 2560 × 1440으로 바뀌었는지 반드시 확인한다. 간혹 바뀌지 않을 땐 '직접 입력'을 눌러 픽셀을 바꿔주어야 한다. 픽셀이 맞지 않으면 유튜브에 업로드되지 않는다.

TIP) 상단 중앙에 보이는 '크기조정'에 가서 픽셀을 직접 입력할 수 있다.

6. 템플릿 내 글자를 클릭해서 자신의 채널명으로 수정한다. 좌측 '⌄'을 클릭하면 다양한 폰트를 사용할 수 있고, 글자 크기, 글자 색상도 원하는 대로 변경해 볼 수 있다.

미디어 콘텐츠로 세상과 소통하라

7. 필요 없는 요소는 지우고 필요한 요소는 그대로 사용하거나 변경한다. 지우고자 할 때는 '삭제(휴지통)' 버튼을 클릭하거나 키보드에 있는 'Backspace'로 지울 수 있다.

8. 요소를 클릭하면 '+'버튼과 '복사' 기능이 나타난다. 같은 요소를 추가해서 사용할 때 편리한 기능이다.

9. 다 만들어진 채널명은 템플릿의 중앙에 오는지 확인한다. 채널 아트는 TV, PC 모바일에서 보이는 면이 다르기 때문이다.

10. 파일명을 입력한 후 '내 작업공간에 저장' → '빠른 다운로드'로 진행한다.

미디어 콘텐츠로 세상과 소통하라

11. 우측 상단에 있는 다운로드 버튼을 클릭한다. 컴퓨터 환경에 따라 좌측 하단에 꺾쇠 모양으로 나타날 수 있다. 꺾쇠 모양이 보이면 '폴더 열기'를 눌러서 바탕화면에 드래그해 놓는다. 그래야 유튜브 업로드 시 자료를 불러올 때 저장된 파일을 쉽게 찾을 수 있다.

채널 아트 업로드하기

이제 다 만들어진 채널 아트를 유튜브에 업로드해 보도록 하자.

1. 채널 아트 만들기 작업이 끝났다면 미리캔버스 주소창 상단의 '+(새 탭)' → '내 채널'로 이동한다(자기 채널이 상단 작업창에 고정되어 있다면 채널을 클릭).

미디어 콘텐츠로 세상과 소통하라

2. 우측 상단 '구글 앱'을 클릭한다.

3. '내 채널 보기'를 클릭한다.

4. '채널 맞춤 설정'을 클릭한다.

5. '프로필'을 클릭한다.

미디어 콘텐츠로 세상과 소통하라

6. '업로드'를 클릭한다(필자는 채널 아트 첫 업로드가 아닌 종전에 사용했던 상황이므로 '변경'이라고 표시되었음을 참고 바람).

7. 바탕화면에 드래그해 두었던 '채널 아트' 파일을 클릭하고 '열기'를 한다.

8. 1번은 TV에서 보이는 채널 아트 화면이고, 2번은 PC나 Laptop, 3번은 모바일에서 보이는 화면을 나타낸다. 공통적으로 보이는 부분은 모바일 화면이므로 채널 아트를 만들어서 미리보기를 했을 때 이렇게 보인다면 잘 만든 것이다! 만약 3번 테두리 안에 채널 아트가 보이지 않는다면, 미리캔버스에서 다시 수정한 후 불러오면 된다. 설정이 알맞게 되었다면 우측 하단 '완료'를 클릭한다.

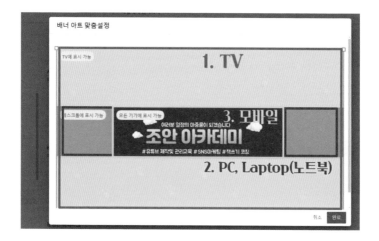

미디어 콘텐츠로 세상과 소통하라

9. 우측 상단에 있는 '게시'를 클릭해서 저장한다(컴퓨터 환경에 따라 팝업창을 닫아야만 '게시' 버튼이 보일 수 있다). 정상적으로 잘 만들어졌는지 확인해 보려면 '채널 보기'를 통해 확인할 수 있다.

프로필 사진,
동영상 워터마크 만들어 업로드하기

미리캔버스에 있는 템플릿을 활용하여 프로필 사진과 동영상 워터마크를 만들어 보자(동영상 워터마크는 PC로 접속하는 시청자들에게 보이는 '구독' 버튼을 말한다).

1. 미리캔버스 로그인 후 '새 디자인 만들기'를 클릭해서 만들기 화면을 띄운다. '모든 템플릿'의 '⌄(꺾쇠 모양)'을 클릭한다.

미디어 콘텐츠로 세상과 소통하라

2. '로고/프로필'을 클릭한다.

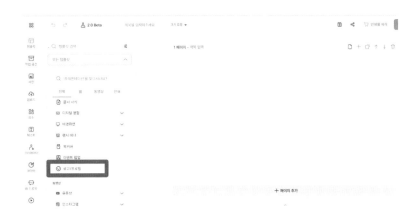

3. 로고/프로필은 500X500 또는 800X800 픽셀을 사용해야 한다. 자신의 채널에 사용하고 싶은 템플릿을 선택해도 우측 템플릿의 크기가 변환되지 않으면, 상단에 있는 '크기조정'을 활용해 수동으로 바꿔주어야 한다.

4. 500X500 입력 후 '적용하기'를 클릭한다.

5. ① 템플릿의 텍스트를 클릭해서 자신의 채널명으로 수정한다.

② 다양한 폰트를 적용해 볼 수 있다.

③ 글자 크기를 조정할 수 있다.

미디어 콘텐츠로 세상과 소통하라

6. 외곽선이나 색상 기능도 오른쪽 버튼을 활성화해서 사용해 보자.

7. '요소'를 클릭하면 다양한 기능을 활용할 수 있다(왕관표시는 유료 구독자들에게 제공되는 서비스).

8. ① 미리캔버스에서 제공하는 사진들을 활용할 수 있다(유/무료 함께 제공).

② 내 컴퓨터에 있는 자료들(사진, 영상 파일)을 불러올 수 있다.

③ 추가로 필요한 텍스트를 사용할 수 있다.

④ 파일명을 적고 이제 저장을 해 보자.

9. 기본으로 설정된 PNG 파일을 클릭한 후 '고해상도로 다운로드' 한다.

미디어 콘텐츠로 세상과 소통하라

10. '다운로드' 버튼을 클릭하면 파일명이 보인다. 파일명 옆 '폴더 열기' 아이
    콘을 클릭한다.

11. 로컬 디스크에 저장된 파일은 쉽게 찾을 수 있도록 '바탕화면'으로 드래그
    한다.

12. 이제 유튜브 내 채널로 가서 업로드해 보자. 상단의 '+'를 클릭한다.

13. 우측 상단 '구글 앱'을 클릭한다.

미디어 콘텐츠로 세상과 소통하라

14. '내 채널 보기'를 클릭한다.

15. '채널 맞춤 설정'을 클릭한다.

16. '업로드'를 클릭해 본다. 첫 업로드 시에는 '업로드'라고 표기된다. 필자는
    종전에 세팅을 했기에 '변경'으로 보일 뿐이다.

17. 바탕화면에 있는 '채널로고' → '열기'를 클릭한다.

미디어 콘텐츠로 세상과 소통하라

18. 미리보기 화면으로 확인 후 '완료' 버튼을 클릭한다.

19. 동영상 워터마크도 '채널로고'로 업로드해 보자(번호 순서대로 따라 하기).

20. 우측 상단 '게시'를 클릭해서 최종 저장한다.

미디어 콘텐츠로 세상과 소통하라

채널 기본 정보 세팅하기

1. '내 채널 보기 → 채널 맞춤 설정 → 프로필'에 들어가서 채널명①을 세팅한
다. 채널명은 14일 내에 2회만 변경할 수 있으므로 심사숙고해서 수정해야
한다. (유튜브 [조안아카데미 → 재생목록 → 크리에이터과정 → "개성 있는 채널
명 만드는 법"] 영상을 참고하여 자신의 채널 콘텐츠명을 지어보자!)

🔔 핸들②는 유튜브에서 크리에이터를 찾아 소통할 수 있는 수단을 일컫는다. 핸들은 채널 이름과 구분되는 고유하고 짧은 채널 식별자 '@'기호로 시작한다. 모든 채널에는 고유한 핸들을 사용할 수 있으며 이러한 핸들을 사용하여 크리에이터 및 시청자 모두가 다른 사용자를 찾고 소통할 수 있다.

예) https://www.youtube.com/@joanacademy

위 URL은 유튜브 플랫폼 외부 사용자를 내 채널로 안내하는 데 사용할 수 있다. 각 채널은 단 하나의 핸들만 가질 수 있으며 댓글, 멘션, 쇼츠 등에 핸들이 표시된다. 유튜브 외부에서도 핸들을 사용해 채널을 홍보할 수 있다(기존 맞춤 설정된 URL이 있다면 앞으로도 계속 사용 가능!).

🔔 핸들 이름 지정 가이드 라인

유튜브는 언제든지 핸들을 변경, 복원, 삭제할 권리를 보유한다. 다음 가이드 라인을 따라 자신만의 정체성을 가장 잘 나타내는 핸들을 선택해 보자.

- 3자 이상 30자 이내의 영문을 기준으로 한다(2024년 6월 이후 한글과 한자는 1~10자 이내 / 에티오피아어, 히라가나, 가타카나는 2~20자 이내 가능)
- 영어, 숫자 문자로 구성한다(A~Z, a~z, 0~9)/밑줄 문자(_), 하이픈(-), 마침표(.)도 포함할 수 있다.

★Tip★
폭력적, 불쾌감 조성, 성적, 스팸성 핸들, 핸들 판매 및 양도는 허용하지 않음.

미디어 콘텐츠로 세상과 소통하라

2. 설명란은 내 채널에 업로드하게 될 콘텐츠에 대한 소개다. 유튜브 검색창에서 검색했을 때 키워드 노출이 될 수 있는 부분이므로 채널을 대표할 수 있는 키워드를 넣어 적는다. 모두 작성했다면 우측 상단 '게시' 버튼을 클릭하여 최종 저장한다.

3. '운영하는 SNS 계정 링크를 세팅해 놓으면 시청자들을 더 쉽게 유입할 수 있다. '+ 링크 추가'를 클릭해서 주소를 붙여 넣는다. 올바른 주소가 불러왔을 땐 '파란색 박스'가 되고, 주소가 잘못되었을 땐 '붉은색 박스'가 된다. 불필요한 주소가 추가로 들어가진 않았는지 반드시 확인하도록 한다. 스크롤해서 화면을 내리면 이메일 주소도 저장할 수 있다. 채널이 확장되면 사업적으로 연결이 될 수 있으므로 꼭 저장해 두자! 여기까지 되었다면 마찬가지로 우측 상단 '게시' 버튼을 클릭하여 최종 저장한다.

미디어 콘텐츠로 세상과 소통하라

포토퍼니아 앱을 활용하여 사진 제작하기

즉석에서 찍은 사진이나 갤러리에 있는 사진을 직관적으로 활용할 수 있는 무료 앱 '포토퍼니아(Photofunia)'를 활용하여 사진을 합성해 보자. 선택한 사진은 효과에 따라 사진의 크기, 위치를 조정하여 사용할 수 있다. 쉽게 합성된 사진은 크기를 선택해 저장할 수도 있고, 공유 기능을 이용하여 문자나 SNS 등으로 전송할 수도 있다. 다음 순서를 천천히 따라가며 만들어 보자.

1. 플레이스토어(Play store)에서 [Photo Funia]를 설치하면 한글이나 영어 버전이 랜덤으로 다운된다. 다운 후 '새로운'으로 기본 세팅 된 상태에서 '달력'을 만들어 보자.

2. 핸드폰 갤러리에 있는 사진을 선택하려면 '기존 사진 선택'을, 새롭게 바로 찍어서 사용하려면 '사진을 찍다'를 터치한다.

3. 사용하려는 사진을 터치 → 우측 상단 '확인'을 터치한다.

미디어 콘텐츠로 세상과 소통하라

4. 사진을 변경하고 싶다면 다른 사진을 선택하여 우측 상단 '확인' → '다운로드' 터치(갤러리에 바로 저장된다)하거나, '공유'를 터치하여 외부에 공유할 수 있다. 여러 템플릿을 활용하여 다양하게 합성 제작을 해보길 바란다.

갤러리 기본 기능을 활용하여 영상 제작하기

갤러리에서 기본 제공되는 기능 중 영상 편집 기능 방법에 대해 알아보자. 아쉽게도 아이폰에서는 이 기능이 제공되지 않는다.

1. 하단 카테고리는 '사진'으로 되어 있는지 확인 후 우측 상단 점 3개(⋮) 터치 → '만들기'를 터치한다(핸드폰 기종에 따라 해당 기능이 지원되지 않으면 보이지 않을 수 있다).

2. '하이라이트 영상'이 보이지 않고, '영화 만들기' 기능만 보인다면 '영화'를
   터치해도 된다.

3. 화면을 터치하면 하단 카테고리가 보인다. 좌측 하단 '편집'을 터치해서 텍
   스트와 음악을 넣을 수 있다.

미디어 콘텐츠로 세상과 소통하라

4. 'T'를 터치해서 자막을 넣어 보고 자판에 있는 '완료'를 터치한다.

5. 기본 세팅된 음악도 다른 것으로 바꿀 수 있다.

6. 마음에 드는 음악을 선택하고 '〈'을 터치하면 저장된 음악을 확인할 수 있다. 우측 상단 '완료' → 우측 하단 '저장'을 터치하여 마무리한다.

미디어 콘텐츠로 세상과 소통하라

뒷배경 지우기(누끼 따기)

　'누끼(抜き)'란 주로 시각 디자인 현장에서 쓰이는 용어로 원본 이미지의 피사체로부터 배경을 분리하기 위해 피사체의 외곽선을 따는 것을 '누끼' 혹은 '누끼 따기'라고 지칭한다. 일본어에서 유래한 표현으로 '빼내기, 제거하기'라는 의미다. 정확히는 '오려내기, 잘라내기'를 뜻하는 '키리누키'의 줄임말이다. 우리말로 정의하면 '배경 지우기, 배경 제거'라 할 수 있다. 많은 현업 종사자는 '누끼'라는 용어를 그대로 사용하고 있다(출처: 나무위키).

　무료로 배경을 제거하고 자유자재로 원하는 배경을 생성할 수 있는 다양한 사이트 중에서 가장 접근성이 좋은 '리무브 비지(Removw bg)'를 이용해 뒷배경을 지워보자.

1. 구글 검색창에 '뒷배경 지우기' 또는 '리무브 비지'를 검색한다. 해당 사이트가 열리면 '이미지 업로드'를 터치하여 갤러리로 이동한다(PC와 모바일 버전으로 똑같이 활용 가능).

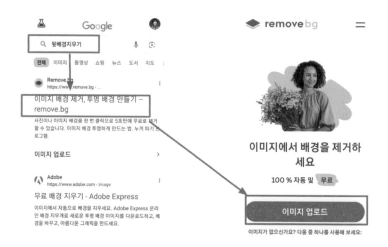

2. '찾아보기'를 터치하여 뒷배경을 지우고자 하는 피사체를 선택한다.

미디어 콘텐츠로 세상과 소통하라

3. 좌측 하단의 '다운로드'를 터치하면 '갤러리'에 저장된다. 여기에 '배경 추가' 기능을 터치하면 이미지 합성 효과가 생긴다. 배경으로 추가하고 싶은 사진은 '+'로 불러올 수 있다. 배경을 선택하고 '완료'를 터치한다.

4. '디자인 만들기'를 선택하면 '캔바 Tool'로 이동되어서 다양한 배경을 만들어 낼 수도 있다. 무료로 제공되니 개성 있게 활용해 보자.

썸네일 만들기
①키네마스터 활용

　새로운 영상을 올릴 때마다 썸네일은 바꾸어 주어야 하므로 다양한 도구(Tool)를 활용하여 썸네일을 만들어 볼 것을 제안한다.

> ★Tip★
> 롱폼 썸네일은 필수고, 숏폼 썸네일은 선택이다(숏폼 썸네일은 숏폼 피드에서 보이지 않으나, 롱폼 썸네일은 롱폼 피드에서 보이기 때문).

　모바일 동영상 편집 앱인 '키네마스터(Kinemaster)'를 이용해서 썸네일을 만들어 보려 한다. '키네마스터' 앱은 브이로그 및 비디오 편집을 위한 전문가 수준의 도구로써 무료 음악과 템플릿을 함께 제공한다(유료/무료). 직관적인 기능들로 구성이 되어 있어서 초보 크리에이터들에게 특히 많이 사랑받고 있는 앱이기도 하다. 고품질 템플릿으로 쉽고 빠르게 멋진 영상을 만들어 공유할 수가 있는 키네마스터의 기본 기능에 대해 자세히 숙지하는 것이 중요하다.

1. 유료 기능도 좋지만 무료도 많은 기능을 이용할 수 있으므로 부담 없이 접근해 보길 추천한다. 우선 플레이스토어에서 앱을 먼저 다운받고 시작하도록 하자!

A: 템플릿을 활용하여 사진, 영상을 교체하면 손쉽게 만들 수 있다. 이는 레이어와 클립 기능을 알아야 이해할 수 있다.

B: 키네마스터를 활용하는 유저들의 작품이 업로드된 곳으로, 자신의 작품을 공유하고 싶다면 과감하게 활용해 보자.

2.

C: '···'를 터치하면 다양한 기능을 확인할 수 있다.

D: • 업로드- 키네마스터 유저들이 공유할 수 있는 피드로 업로드된다.

   • 이름 바꾸기- 파일의 이름을 변경할 수 있다. '프로젝트 이름' 입력란에 작성할 수 있다. 프로젝트 이름을 적지 않으면 그날 작업한 날짜로 자동 표기된다.

   • 복제- 중복 파일을 여러 번 복사할 수 있다.

   • 삭제- 휴지통의 기능이다.

E: 프로젝트 이름을 적는다.

D: • 가로 16:9- 유튜브 롱폼 업로드 화면 비율이다. 이 사이즈는 썸네일 만들 때도 사용한다.

   • 세로 16:9- 유튜브 숏폼, 롱폼 업로드 화면 비율이다. 틱톡이나 릴스 영상 제작 시에도 사용한다.

   • 가로세로 1:1- 인스타그램에 업로드할 영상이나 블로그 썸네일 제작할 때 유용하다.

미디어 콘텐츠로 세상과 소통하라

여기까지 숙지가 되었다면, 하단의 '만들기'를 터치해 보자.

3. 기능 숙지 후 '만들기'를 터치하면 갤러리에 저장된 사진/영상이 어떤 경로를 통해 저장되어 있는지 '폴더명(스크린샷, 타임스탬프, 다운로드, 카메라 등)'이 보인다(안드로이드 기준). 아이폰의 경우 갤러리 사진이 보이지 않는다면, 바탕화면에 있는 '설정'에서 '모든 사진 허용'을 해주면 된다. '이미지 에셋'을 터치해서 단색 이미지 한 장을 불러오자.

4. 다양한 컬러의 '이미지 에셋'을 활용해 보고 싶다면 우측 상단의 '에셋스토어'에서 다운받을 수 있다.

미디어 콘텐츠로 세상과 소통하라

5. 불러온 에셋은 빨간색 줄(플레이 헤드)이 그어진 우측으로 이동시키고 우측 상단 'X'를 터치한다.

6. 좌측 상단의 '〈'를 터치한다.

7. 불러온 이미지 에셋을 다른 것으로 변경하고 싶을 때는 우측 상단의 '교체'를 활용하면 된다. 여기까지 되었다면 우측 상단 '〈'를 터치한다. 이는 '뒤로 가기' 기능으로 현재 보이는 창에서 되돌아간다.

8. 키네마스터의 기본적인 기능에 대해 알아보자.

미디어 콘텐츠로 세상과 소통하라

① 키네마스터 홈으로 가는 기능

② 앞으로 되돌리기 기능

③ 캡처 후 '저장(유튜브 썸네일용인 JPEG, PNG 형식의 이미지 사진으로 저장)', 캡처 후 '클립으로 추가', 캡처 후 '레이어로 추가', 캡처 후 '썸네일로 추가 기능(키네마스터 안에서만 가능/유튜브 썸네일은 아님)'

④ 오디오 페이드 인(음을 서서히 늘리는 효과)- 인트로에서 활용

　오디오 페이드 아웃(음을 서서히 줄이는 효과)- 아웃트로에서 활용

⑤ ⑭와 ⑮가 있는 공간(편집 공간)을 '타임라인'이라고 한다. 타임라인을 넓게 확대해서 볼 수 있는 기능

⑥ 클립의 크기만큼 건너뛰기할 수 있는 기능

⑦ 자료 저장을 할 수 있는 '내보내기 기능'으로, 키네마스터 안에서는 작업 시 자동 저장된다. 단, 외부 공유 시 반드시 이 버튼을 터치해야 한다.

　★Tip★
　'내보내기 기능'을 터치하면 MP4 파일 형식으로 저장!

⑧ 대그룹 미디어(타임라인 ⑭ 위치로 불러온다)- 사진이나 영상 불러오기

⑨ 레이어 → 소그룹 미디어(타임라인 ⑮ 위치로 불러온다), 효과, 스티커, 텍스트, 손글씨 기능

⑩ 영상 편집 및 제작에 필요한 모든 에셋 요소를 다운받는 곳(=에셋스토어)

⑪ 보이스를 녹음할 수 있는 기능으로, 음성 변조 기능도 있어 다양하게 활용 가능

⑫ 효과음과 배경음악 넣는 기능(에셋 받기를 통해 가능)

⑬ 재생 버튼으로 하단 숫자는 영상의 길이 표시

⑭ 대그룹 미디어에서 불러온 사진이나 영상의 자리로, 불러오는 요소는 '클립'이라고 부른다.

⑮ 소그룹 미디어에서 불러온 사진이나 영상의 자리로, 불러오는 요소는 '레이어'라고 부른다.

★Tip★

대그룹에서 불러온 사진이나 영상은 크기 조절이 힘들고, 원하는 위치로 이동할 수 없다. 그러나 장면 전환 효과는 적용할 수 있다. 반면, 소그룹에서 불러온 사진이나 영상들은 크기 조절이 가능하고, 애니메이션, 크롭, AI 드로잉, 매직 리무버, 키프레임 등의 기능을 활용할 수 있다. 단 장면 전환 효과는 불가능하다.

9. 본격적으로 썸네일을 만들어 보자. 자신의 채널명을 입력하고 '확인'을 터치한다.

미디어 콘텐츠로 세상과 소통하라

10. 키네마스터를 처음 사용하는 경우 기본 폰트만 제공된다. 다양한 폰트는
    에셋 스토에서 다운받아 쓸 수 있다. 우측 상단 'Aa 폰트'를 터치한다.

11. 우측 상단 '에셋스토어'를 터치한다.

12. '★'은 즐겨찾기 기능이다. 평소 좋아하는 폰트가 있다면 터치하여 '즐겨
    찾기'에 담아두자(즐겨찾기 전 ☆ → 즐겨찾기 후 ★).

13. '한국어' 카테고리를 선택한 후 원하는 폰트를 다운받아 보자. 꽤 괜찮은
    폰트들이 많으니 선호하는 것으로 다운받아 즐겨찾기에 모아둘 수 있다.

미디어 콘텐츠로 세상과 소통하라

14. 우측의 '다운로드' 터치 → 좌측 상단의 '‹'을 누른다. 추가 폰트를 더 다운 받아 보자.

15. 사용하고자 하는 폰트를 터치하고 우측 상단의 '∨(확인)'을 터치한다.

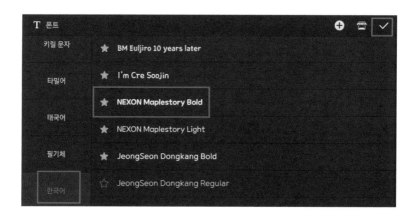

16. 좌측 상단이나 우측 상단에 채널명을 배치하고 '그림자' 효과도 넣어보자.

17. 그림자 활용 기능을 '활성화'하면 색상 박스를 터치해서 다른 색으로 변경할 수 있다. '거리'와 '각도'의 숫자를 조정하며 그 느낌을 확인해 보자.

미디어 콘텐츠로 세상과 소통하라

18. • '레이어 → 텍스트'를 사용해서 썸네일 제목을 적어보자. 한 텍스트당 하나의 색깔만 선택 가능하다. 필자는 색깔별로 작성했다.

• 레이어 → 소그룹 미디어 → 갤러리에서 사용하려는 사진을 불러온다. 썸네일에 이미지가 첨부되면 가독성을 더 높일 수 있다. 불러온 이미지의 배경을 깔끔히 지우기 위해 우측의 '매직 리무버' 기능을 활성화한다.

19. 뒷배경을 지우고 있으니 잠시만 기다리자.

20. 뒷배경이 지워지면 캡처 아이콘 → '캡처 후 저장'을 터치하여 썸네일을
    저장한다.

★Tip★

썸네일 만들기가 막연하게 느껴져서 어렵다면?

기존 유튜버들의 썸네일을 벤치마킹하는 것도 도움이 된다. 다양한 썸네
일을 보면서 만드는 연습을 꾸준히 하다 보면 느낌을 잡을 수 있다.

미디어 콘텐츠로 세상과 소통하라

썸네일 만들기
②미리캔버스 활용

미리캔버스를 활용하면 다양한 템플릿으로 손쉽게 제작할 수 있다. 썸네일도 그중 하나다. 구글 검색창에서 '미리캔버스'를 검색하고 사이트로 이동하여 시작해 보자.

1. '로그인' → '구글 계정'으로 간편 로그인 → '미리캔버스 약관에 동의' 절차 → '로그인 유지하기'를 클릭한다(매번 로그인해야 하는 번거로움을 피할 수 있고, 작업한 템플릿을 다운받으려면 로그인은 필수!). 필자의 화면처럼 보인다면 '디자인 만들기' 또는 '바로 시작하기'를 클릭한다.

2. '모든 템플릿' → '∧'를 클릭하고, '유튜브 → 썸네일'을 클릭한다.

3. 사용하려는 썸네일 템플릿을 선택한다.

미디어 콘텐츠로 세상과 소통하라

4. 템플릿을 선택하면 우측 메인 화면에 뜨는 것을 확인할 수 있다.

5. ① 마우스 좌클릭 → 내 채널명으로 수정

　② '◡(꺾쇠)' 클릭 → 글자 폰트 변경

　③ 글자 크기 조율

　④ 글자 자간, 행간 크기 조정

　⑤ 글자 색깔 변경

　⑥ 글자 외곽선, 그림자, 곡선 효과

6. 노란 테두리 안의 모양을 클릭하여 옆으로 늘리면 반듯하게 채널명을 정
   렬할 수 있다.

7. 좌측 카테고리 '업로드'를 클릭하여 컴퓨터에 저장된 사진을 미리캔버스로
   불러와 썸네일 배경 사진을 바꿔보자. '사진' 카테고리를 선택하면 미리캔
   버스에서 제공하는 다양한 사진을 유료/무료로 이용할 수 있다.

미디어 콘텐츠로 세상과 소통하라

8. 업로드한 사진을 클릭하면 우측 메인 템플릿에 사진 요소를 불러올 수 있다. 마우스 우클릭하여 '배경으로 만들기'를 선택하면 전체 썸네일 배경이 교체된다. 만약 교체된 배경으로 바뀌지 않으면 틀 안으로 배경이 들어가 있을 수 있으므로 마우스를 움직여 틀 안에 있는 요소들을 확인해 본다.

9. 아래 템플릿에 있는 '손 사진'을 클릭해서 삭제하려 하니 선택이 잘되지 않는다. 이럴 때는 앞 화면에 있던 템플릿 테두리 틀을 하단으로 살짝 내려서 제거하면 된다. 템플릿을 활용하다 보면 더러 있는 경우다.

10. 하단으로 내려놓았던 테두리 틀을 좌클릭해서 꾹 누르고 원위치로 이동 시킨다.

11. 요소가 필요 없을 때는 '휴지통'을 클릭하거나 자판 'Backspace' 혹은 'Del'을 눌러 삭제한다.

미디어 콘텐츠로 세상과 소통하라

12. 'AI 라이팅' 기능은 AI의 감성으로 글쓰기를 할 수 있는 기능이므로 흥미 진진하게 활용할 수 있다.

13. 필자는 AI에게 '더 격식 있게' 써달라고 제안해 보았다. 여러 항목을 클릭해서 다양한 느낌을 보자!

14. 썸네일을 넣을 만한 사진을 불러와서 뒷배경을 지워보자.

15. 프리미엄(유료) 구독자는 미리캔버스 안에서 배경을 제거할 수 있다. 무료
    사용자는 '뒷배경 지우기(p.129)'를 참고해서 불러오자.

미디어 콘텐츠로 세상과 소통하라

16. 뒷배경을 지운 사진을 제목 텍스트 뒤로 보내고자 할 때는 좌측에 있는
    '순서 → 맨 뒤로'를 클릭하면 사진을 텍스트 뒤로 깔끔하게 보낼 수 있다.

17. 여기까지 되었다면 '파일의 제목명'을 입력하고 저장(작업 보관함) → 다운
    로드를 클릭한다.

18. 'PNG → 고해상도 다운로드'를 클릭한다.

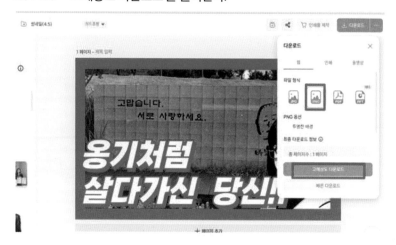

★Tip★

JPG, PNG는 이미지 사진, MP4는 동영상, MP3는 오디오(음원)를 뜻하는 확장자명이다. 유튜브에서 핵심적으로 사용되는 확장자명이므로 이 네 가지는 반드시 기억하길 바란다.

19. 우측 상단의 '폴더 열기'를 클릭해서 저장된 PNG 파일을 '바탕화면'에 드래그한다. 다운로드한 모든 파일을 바탕화면에 드래그해 두면 자료 찾기 용이하고, 필요 없는 파일은 바로 삭제할 수 있어 관리가 쉽다.

썸네일 만들기 ③캔바 활용

'캔바(Canva)'는 프레젠테이션, 포스터, 문서 및 기타 시각 콘텐츠를 만드는 데 사용되는 오스트레일리아의 그래픽 디자인 플랫폼이다. 로고, 소셜미디어 콘텐츠, 문서, 인쇄물 등 다양한 서식, 사진, 글꼴을 무료/유료로 제공 받을 수 있는 툴이다.

미리캔버스와 또 다른 느낌을 주지만 사용하는 도구 활용법들은 비슷해서 쉽게 접근할 수 있다. 모바일 활용이 더 익숙하거나 PC 활용이 힘든 경우라면 플레이스토어에서 '캔바' 앱을 다운로드한 후 사용해 보길 바란다.

1. 구글 검색창에 '캔바'를 검색하여 사이트로 이동한다.

미디어 콘텐츠로 세상과 소통하라

2. 파일 작업 후 다운로드 받으려면 사전 '로그인'은 필수다.

3. Canva 이용 약관에 모두 동의한 후 계속하기를 클릭한다.

4. '구글 계정'으로 간편 로그인하면 절차가 간단해진다.

5. '디자인 만들기'를 클릭해서 들어가 보자.

미디어 콘텐츠로 세상과 소통하라

6. 카테고리 '유튜브 썸네일'을 클릭한다.

7. 사용하려는 템플릿을 선택하면 메인 화면에 불러와진다.

8. 썸네일 제목을 바꿔보자. 텍스트를 클릭하면 좌측과 상단에 활용할 수 있는 도구가 보인다. '…(더 보기)' 기능을 클릭하면 다양하게 활용할 수 있는 기능을 확인할 수 있다. 필자는 텍스트를 클릭해서 썸네일 제목과 색깔을 바꾸어 보았다.

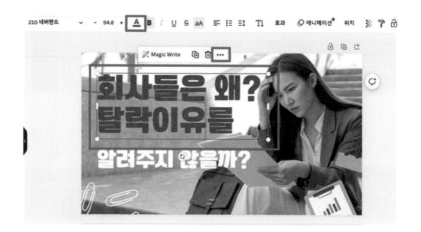

9. 필요 없는 텍스트는 '휴지통'을 클릭하여 삭제한다. 상단 카테고리에 있는 '글자 조정'으로 자간과 행간 간격을 조율할 수 있다.

미디어 콘텐츠로 세상과 소통하라

10. 썸네일의 배경 화면을 바꿔보자. 좌측 카테고리에 있는 '업로드 항목' 클릭 → 상단 '파일 업로드' 클릭 → 배경 사진으로 쓸만한 사진을 클릭하면 우측 메인 화면에 생성된 것을 확인할 수 있다.

11. 마우스 우클릭을 하면 추가 기능이 보인다. 여기서 '배경 교체'를 클릭한 다.

12. 썸네일 제목에 변화를 줘보자. 상단의 '효과'를 클릭하면 텍스트에 적용할
    수 있는 여러 기능이 나타난다. 필자는 '곡선' 모양을 선택해 보았다.

13. 썸네일에 들어가야 할 채널명을 적을 수 있는 텍스트를 추가로 더 불러오
    자. 좌측 카테고리 'T(텍스트) → 부제목 추가'를 클릭한다.

미디어 콘텐츠로 세상과 소통하라

14. 채널명을 적은 후 'ᜦ'을 클릭하여 다른 폰트로 변경해 본다.

15. 글자 크기도 조정한 후 채널명을 좌우 상단 원하는 위치에 놓는다.

16. 좌측 카테고리에 있는 '요소' 기능도 활용해 보자. 썸네일에 재미를 더할
    수 있다.

17. 여기까지 했다면 우측 상단 '공유 → 다운로드'를 클릭해 파일을 저장한다.

미디어 콘텐츠로 세상과 소통하라

18. 기본 세팅된 'PNG' 파일로 다운로드한다.

19. 우측 상단 '파일 보관함' 클릭 → '폴더 열기' → 바탕화면에 드래그한다.

픽사베이에서 이미지 사진, 동영상 다운받는 방법(PC 버전)

'픽사베이(Pixabay.com)'는 고품질 퍼블릭 도메인의 무료 공개 사진, 일러스트레이션(삽화), 벡터 그래픽 및 동영상의 필름 영상을 공유하는 국제 웹사이트다. 물론 상업적 용도로도 이용할 수 있는 유용한 사이트다. 키네마스터 편집기 안에서도 직관적으로 사용할 수 있게 되어 있지만, PC 버전으로 사용해야 할 경우도 있으니 다양하게 접근해 볼 수 있도록 하자.

★Tip★
키네마스터 앱에서는 무료로 이 기능들이 제공되어 있으므로 편집기 안에서 바로 다운로드(불러오기)할 수 있다.

1. 구글 검색창에 '픽사베이'를 입력하고 해당 사이트를 클릭해 접속한다.

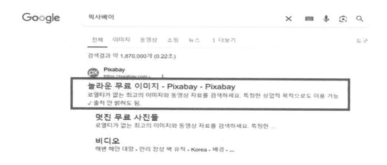

미디어 콘텐츠로 세상과 소통하라

2. 구글 계정으로 로그인하는데 간혹 '모든 쿠키 허용'이라는 팝업이 뜬다. 이 때 반드시 허용해야만 원하는 파일을 이용할 수 있다.

3. '스폰서 이미지'는 유료로 이용할 수 있고, '로열티 없는 이미지'는 무료로 이용할 수 있다. 픽사베이 검색창에서 찾고 싶은 이미지 키워드를 입력한 다. 필자는 '여성'이라는 키워드를 넣었다.

4. 원하는 이미지를 선택한다.

5. 픽셀은 기본 세팅된 것으로 진행하고 '다운로드'를 클릭한다.

미디어 콘텐츠로 세상과 소통하라

6. '다운로드되어 있는 보관함' 클릭 → 폴더 열기 → 바탕화면에 드래그한다. 같은 방법으로 픽사베이에서 제공하는 동영상도 다운받아 보자.

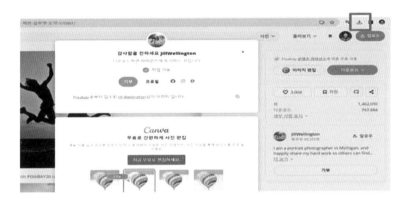

7. 중앙에 있는 카테고리 중 '비디오'를 선택하면 배경 화면 자막이 종전의 이미지에서 동영상으로 바뀌는 걸 확인할 수 있다. 검색창에서 찾고 싶은 동영상 키워드를 입력하고 이미지 사진 다운 방법과 똑같이 다운받으면 된다. 배경 화면으로 사용할 만한 동영상이 필요할 때 필자는 꽤 유용하게 잘 활용하고 있다. 키워드를 적절하게 넣어서 다운받아 다양하게 콘텐츠 제작에 활용해 보자.

영상 촬영 기법 이해하기

영상 촬영을 하는 데 있어서 기본적으로 알아두어야 할 기법을 소개한다. '피사체(被射體, subject/ subject for photography)'란 촬영 대상이 되는 사람이나 물체를 말한다. 피사체와 카메라가 이루는 각도(앵글, angle)에 따라 수평 앵글(Standard angle), 하이 앵글(High angle), 로우 앵글(Low angle)로 표현한다. 또한 삼각대 축이 있느냐 없느냐에 따라 패닝 샷(panning shot), 틸트 샷(tilt shot), 달리 샷(dali shot), 트랙 샷(track shot)으로 나뉜다.

▷▷ 카메라 앵글에 따라

가. 수평 앵글(Standard angle)

— 눈높이에서 정면으로 응시하면서 촬영하는 각도

— 기본적인 앵글

— 가장 안정적인 화면을 제공

— 극적인 효과는 기대 불가

나. 하이 앵글(High angle)

— 피사체를 위에서 내려다본 각도

— 이벤트나 사건, 인물을 관찰자적 입장에서 조망

— 회화적인 조형미, 기하학적 장면 연출

— 인물의 무력감을 표현하고자 할 때

다. 로우 앵글(Low angle)

— 피사체를 밑에서 올려다본 각도

— 건물의 권위를 나타낼 때

― 인물의 위압적인 느낌을 표현할 때

▷▷ 삼각대 축의 유무에 따라

1) 삼각대 축이 있는 경우(고정)

가. 패닝 샷(Panning shot): 좌우로 축을 이용하여 전경을 담아내는 기
법

나. 틸트 샷(Tilt shot): 상하로 축을 이용하여 전경을 담아내는 기법

미디어 콘텐츠로 세상과 소통하라

2) 삼각대 축이 없는 경우(무빙)

가. 달리 샷(Dali shot): 카메라가 피사체에 다가가거나 멀어지는 무빙

　　기법

나. 트랙 샷(Track shot): 카메라가 좌우로 움직이는 무빙 기법

크로마키 기법 활용하기

　'크로마키(Chroma-key)'란 영화 등에서 화상 합성을 위한 특수 기술로 두 가지 화면을 따로 촬영하여 한 화면으로 만드는 합성기법을 말한다. 합성할 피사체를 단색판 배경으로 촬영한 후 그 화면에서 배경색을 제거하면 피사체만 남게 되는 원리를 이용한 것이다. 크로마키 스크린은 그레이, 화이트, 블랙, 블루, 그린이 있는데 주로 그린과 블루를 많이 선호한다. 사람의 피부색과 머리카락 색, 옷 색깔과 대조를 이루어 크로마키가 잘 적용되기 때문이다. 촬영 시 뒷배경에 대한 부담을 줄일 수 있는 크로마키 기법, 천천히 따라가 보자.

1. 키네마스터 앱에서 '새로 만들기 → 화면 비율(16:9) → 만들기'를 터치해서
   들어온다. 좌측 카테고리 '동영상' 터치 → '픽사베이'에서 다운받은 동영상
   을 불러온다.

★Tip★
크로마키 적용은 소그룹 미디어에서 불러온 영상이어야 하므로 클립은
배경으로 사용될 만한 동영상이나 사진 이미지를 불러와야 한다.

2. 크로마키 배경으로 사용할 영상 터치 → 플레이헤드 우측으로 이동 → 우측
   상단 'X'를 터치한다.

3. 레이어 → 소그룹 미디어 → 크로마키 스크린에서 촬영한 동영상을 불러온
   다.

미디어 콘텐츠로 세상과 소통하라

4. 소그룹 미디어에서 불러온 동영상이므로 타임라인 '레이어' 위치에 놓는다.

5. 전 방향 화살표를 활용하여 불러온 동영상을 화면 전체에 크기에 맞추고, 우측 카테고리의 '크로마키'를 터치한다.

6. '크로마키 적용' 기능을 터치해서 활성화한다.

7. ①인물과 ②배경을 사용하여 투명도를 맞춘다.

미디어 콘텐츠로 세상과 소통하라

★Tip★

키네마스터 앱에서는 이미지 사진뿐만 아니라 동영상의 뒷배경도 지울
수 있는 기능이 있다. 크로마키 기법을 적용하기 위해서는 반드시 크로마
키 스크린에서 촬영한 영상을 써야 하지만, 키네마스터 앱 편집기 기능 중
하나인 '매직 리무버' 기능을 쓸 때는 굳이 크로마키 스크린을 사용한 동영
상 촬영본이 아니어도 가능하다.

▷▷ 매직 리무버 기능으로 배경 지우기

1. '매직 리무버' 기능을 터치해서 활성화한다.

2. 깔끔하게 뒷배경이 지워진 것을 확인하고, 우측 카테고리 '조정'을 터치하여 다른 효과를 넣어보자.

3. '채도'를 낮추면 피사체는 흑백이면서 뒷배경은 컬러로 이색적인 분위기를 연출할 수 있다.

미디어 콘텐츠로 세상과 소통하라

키네마스터를 활용한 영상 편집
①사진 활용 편집 방법

사진만을 활용해서도 꽤 완성도 높은 영상을 제작할 수 있다. 상세하게 화면을 캡처해서 안내할 테니 천천히 잘 따라오길 바란다. 제일 먼저 해야 할 작업은 [키네마스터 앱 → 새로 만들기 → 프로젝트명 적기 → 화면 비율(16:9) → 만들기] 세팅이다. 여기까지 세팅되었다면 사진으로 영상을 편집해 보자.

1. 좌측 카테고리 '이미지'를 터치하면 사진만 모아서 보여주므로 쉽게 원하는 사진을 불러올 수 있다. 원하는 폴더에서 사진을 몇 장 불러와 보자(모자이크 처리 기능도 배워야 하므로 인물 사진으로 불러오면 좋을 듯하다).

2. 사진 클립과 클립 사이에 생긴 검정 박스를 터치해서 '장면 전환' 기능을
넣을 수 있다. '에셋스토어'에서 새로운 장면 전환 에셋을 다운받아 보자.

3. 좌측 중앙에 있는 '미리보기 영상'을 재생해 보고 마음에 들면 우측 '다운로
드'를 터치한다(2024년 10월 업데이트).

미디어 콘텐츠로 세상과 소통하라

4. 다운로드가 완료되면 좌측 상단에 있는 'ㆍ'를 터치하면 화면에서 나갈 수
   있다. 머물렀던 창을 나가고자 할 때는 화면처럼 '<'나 'X' 또는 '취소'를 누
   르면 된다.

5. '장면 전환 초기 화면'으로 나와서 카테고리 선택 후 우측에 보이는 '예시'
   를 터치하면 화면 중앙에 '미리보기'가 보인다. 선택한 기능이 마음에 들 때
   는 예시를 꾹 눌러 '즐겨찾기에 추가'하여 편리하게 작업하도록 하자.

6. '장면 전환' 카테고리 탭을 최하단으로 내리면 '전체 적용하기' 기능이 있다. 이는 앞서 선택했던 '장면 전환' 기능을 전체에 일괄적으로 적용하는 기능이다. 많은 사진을 편집할 때 유용하게 적용할 수 있다(2024년 7월 이후 우측 상단으로 이동/아이폰 미적용).

7. '초상권 침해'로 인한 법적 불이익을 피하기 위해서는 '모자이크 기능'도 알아두는 것이 좋다. '레이어' → '효과'를 터치한다.

미디어 콘텐츠로 세상과 소통하라

8. 기본 기능으로 제공되는 '모자이크 기능'은 모자이크 강도가 약하므로 '에셋스토어'에서 다운받아 보자. 우측 맨 하단으로 내려가서 '더 받기'를 터치한다(2024년 10월 업데이트).

9. 좌측 카테고리에 있는 '블러' 터치 → '포커싱 블러'를 선택해 다운로드한다.

10. 다운이 완료되면 좌측 상단의 꺾쇠를 터치해서 화면을 나온다.

11. 효과 카테고리의 '포커싱 블러' 터치 → '예시' 터치 → ②의 화살표를 움직여 크기를 조정하여 모자이크 처리하려는 인물의 얼굴에 갖다 놓는다.

미디어 콘텐츠로 세상과 소통하라

12. 사람 얼굴형에 맞게 모자이크 모양을 바꿔보자.

13. 우측 화면의 '모양'을 터치한다.

14. ①: 모자이크 처리하려는 모양을 선택할 수 있다.

　②: '패더 기능'을 통해 모자이크로 표현되는 음영을 조절할 수 있다. 숫자
　　가 커질수록 모자이크 처리 부분이 자연스러워진다. 화면을 보면서
　　비율을 적절히 조율하면 된다.

15. 여러 사람을 동시에 모자이크 처리해야 할 때는 '복사' 기능을 이용하면
　편리하다. 좌측 상단 '···' 터치 → '복사'를 터치하면 기존 위치에 하나가 더
　복사된다.

16. 기존 위치에 손을 올려 가리고 싶은 위치로 옮긴다. 모자이크 모양과 패더 기능 역시 똑같이 복사되어 있어서 동시다발적으로 모자이크 처리할 때 유용하게 적용된다.

17. 흥미로운 요소를 더하기 위해 '스티커 기능'도 알아보자. 텍스트 활용법과 이모티콘 활용법 두 가지가 있는데, 먼저 텍스트 스티커를 활용해 보기 위해 '레이어 → 스티커'를 터치한다.

18. 편집에 필요한 모든 기능은 에셋스토어에서 다운받는다는 걸 기억하자! 우측 상단 '에셋스토어'를 터치한다. 우측 맨 하단으로 내려가서 '더 받기'를 터치한다(2024년 10월 업데이트).

19. 마음에 드는 스티커를 선택해 다운받는다.

미디어 콘텐츠로 세상과 소통하라

20. '미리보기'를 통해 확인하고 우측 다운로드 버튼을 터치하고 꺾쇠를 눌러
    화면에서 나온다.

21. 사용하려는 스티커를 터치한다.

22. 우측 상단 '속성'에서 텍스트를 넣을 수 있다.

23. '타이틀 텍스트'에 글자를 입력하면 스티커 안에 입력한 글자가 형성된
다.

24. 우측 'a'를 터치하면 글자 폰트를 변경할 수 있다.

25. '텍스트 스티커' 입력 후 '텍스트 색상', '텍스트 크기', '그림자 각도'를 활
용해 원하는 대로 수정할 수 있다. 여기까지 되었다면 우측 상단 꺾쇠를
터치한다.

26. 화살표를 늘렸다 줄였다 하며 '텍스트 스티커' 크기를 조절한 후 놓고 싶은 위치에 둔다. 우측 '인 애니메이션', '애니메이션', '아웃 애니메이션' 기능도 적용해 보자.

27. 이번에는 '이모티콘 스티커'를 적용해 보자. 텍스트와 똑같이 '레이어 → 스티커'를 터치한다.

미디어 콘텐츠로 세상과 소통하라

28. 좌측 카테고리 '꾸미기'를 선택 후 '검색창'도 활용해 보자(찾고 싶은 스티커 키워드를 입력하면 관련 스티커가 검색된다).

29. 필자는 '비즈니스'에 관련된 스티커를 검색해 보았다. 찾고자 하는 스티커를 터치 → '취소' → 'X' 터치 후 화면에서 나온다.

30. 필자는 '비즈니스맨' 카테고리를 터치하고 '예시'를 터치하여 꾹 눌러 '즐겨찾기'에 추가하였다.

31. 화살표를 활용해 크기를 조정하고 스티커를 놓고 싶은 위치에 둔다. 필자가 선택한 스티커는 왼손을 올리고 있다. 다른 방향으로 손을 올리고 싶을 때 사용하는 방법을 알아보자. 먼저 우측 상단 꺾쇠를 터치한다.

미디어 콘텐츠로 세상과 소통하라

32. 우측 '상세조정'을 터치한다.

33. '미러링' 기능을 통해 '좌우 반전', '상하 반전'을 적용할 수 있다. 때에 따라 '화면 맞추기', '화면 채우기' 기능도 이용할 수 있으므로 터치해서 느낌을 보길 바란다.

34. 중요한 곳에 포인트를 주고 싶을 때는 유용한 기능을 알아보자. '레이어
  → 손글씨'를 터치한다.

35. '원 모양'을 터치하고 선의 두께를 선택한다.

미디어 콘텐츠로 세상과 소통하라

36. 선의 두께도 단계별로 있는데 원하는 두께를 선택하면 된다.

37. 화살표 기능도 적절하게 활용해 보자. 여기까지 되었다면 꺾쇠를 터치해서 화면을 나간다.

38. 사진 꾸미기가 끝났으니 이제 '보이스 더빙'을 삽입해 보자. '녹음' 터치 →
  '오디오 허용'(이 기능을 처음 이용 시에만 허용해 주면 된다)을 누른다.

39 '시작'을 눌러 보이스 녹음을 해 보자.

미디어 콘텐츠로 세상과 소통하라

40. 하단에 붉은색 박스가 보이면 정상적으로 녹임이 진행되고 있다는 것이다. 녹음이 끝났다면 '정지' 버튼을 터치한다.

41. 보라색 레이어바는 '녹음바'다. 녹음된 보이스는 반드시 상향 조절해 주어야 한다. 우측 상단 '믹서(2024년 7월 믹서 기호 변경)'를 터치한다.

42. 기존 볼륨 '100%'를 최대 '200%'까지 올린 후 '자동 볼륨'을 활성화한다. 편집기 안에서도 볼륨을 높여주어야만 외부에 공유했을 때 적절한 보이스 크기가 된다.

43. '음성 변조' 기능도 가능하다. 타인의 목소리를 보호해야 할 때나 내 목소리를 숨기고 싶을 때 활용할 수 있다.

미디어 콘텐츠로 세상과 소통하라

44. 영상 제작의 꽃인 '배경음악'을 넣기 위해 '오디오'를 터치한다.

45. 처음 키네마스터를 이용하는 유저들이 핸드폰에는 화면 중앙에 '음악 에셋받기'로 표기되어 있다. '음악 에셋받기'를 터치해서 배경음악이나 효과음을 다운받을 수 있다. 초기 이용자가 아니라면 필자처럼 화면이 보일 것이다. 우측 상단 에셋스토어를 터치한다.

46. 모든 에셋은 좌측에 있는 카테고리를 선택 → 터치하여 음악을 들어보고 원하는 것은 '다운 버튼'을 터치하여 다운받는다('Premium'은 유료 구독자에게 제공되는 에셋).

47. 타임라인에 음악을 불러오기 위해 우측 '+'을 터치한다.

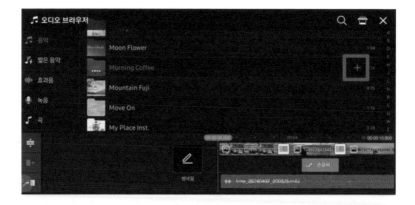

미디어 콘텐츠로 세상과 소통하라

48. 우측에 수직으로 나열된 알파벳은 배경음악의 '색인 기능'이다. 찾고자
하는 곡명의 첫 글자(알파벳)를 꾹 누르면 쉽게 찾을 수 있다. 첫 줄에 있
는 클립을 기준으로 하단에 있는 레이어는 필요 없으므로 깔끔하게 컷
해주자. 우측 상단 'X'를 터치하여 보이는 화면에서 나간다.

49. 우측 상단 '트림/분할' 터치 → '오른쪽 트림'을 터치한다.

50. '오디오 기능'은 영상 제작을 마무리하는 데 있어서 놓치지 말아야 할 중요한 과정이기도 하다. '톱니바퀴' 모양을 터치해 보자.

51. '오디오 페이드 인'은 영상이 시작될 때 배경음을 서서히 키워주는 효과이고, '오디오 페이드 아웃'은 영상이 끝날 때 배경음을 서서히 줄여주는 효과다. '오디오 페이드 인'은 선택이지만, '오디오 페이드 아웃'은 반드시 적용해야 영상이 부드럽게 끝난다. 우측의 동그란 버튼을 터치하면 활성화된다.

미디어 콘텐츠로 세상과 소통하라

52. 배경음악을 설정했다면 '레이어 → 텍스트'에서 채널명을 적은 후 원하는 위치에 놓는다. 보통 채널명은 좌우 상단에 두는 게 이상적이다(무료 이용자는 우측 상단에 키네마스터 워터마크가 표기되므로 필자처럼 좌측에 두면 될 듯하다).

★Tip★

Q: 키네마스터의 워터마크는 어떻게 하면 없앨 수 있나?

A: 유료로 구독하면 제거된다.

53. 우측 '윤곽선', '그림자', '글로우', '배경색'은 텍스트에 효과를 주는 기능이
    다. 'Enable(~을 허용하다)' 기능을 활성화하여 텍스트에 다양한 느낌을
    줄 수 있는 기능이 많으므로 적극 활용해 보자.

54. 키네마스터 안에서 영상 제작에 활용했던 모든 에셋은 자동 저장되어 있
    다. 이를 외부에 공유하고자 할 때는 반드시 '동영상 저장' 과정을 거쳐야
    한다. 우측 상단 '내보내기' 버튼을 터치한다.

　　　　　　　　　　　　미디어 콘텐츠로 세상과 소통하라

55. '포맷', '해상도', '프레임레이트', '비트레이트'는 기본 설정되어 있는 대로 사용한다. ①을 터치하면 동영상(MP4)으로 저장된다(무료 이용자는 광고가 뜰 것이다. 'X'를 누르지 말고 반드시 '건너뛰기'를 해야 저장된다). ②을 터치하면 유튜브로 업로드 되는 것이 아니다. 키네마스터 홈 화면에 있는 유저들의 공간으로 업로드되는 것이다. 키네마스터 유저들과 공유하고 싶다면 업로드해 보길 바란다.

56. '공유하기' 버튼을 터치하면 유튜브로 연동되어 쉽게 업로드할 수 있다. 단, 아이폰 이용자에게는 제공되지 않는 기능이므로 갤러리에서 직접 동영상 업로드하면 된다.

🔔 프레임레이트(Frame rate)

디스플레이 장치가 화면 하나의 데이터를 표시하는 속도를 말하며, 초당 화면으로 출력되는 프레임의 개수를 뜻한다.

🔔 초당 프레임 수(Frames per second)

1초 동안 보여주는 화면의 수를 가리킨다. 로마자 약어 및 단위로는 fps를 쓴다. 다시 말해 30fps는 1초당 30장의 사진을 보여주고, 60fps는 1초당 60장의 사진을 보여준다는 의미다. 따라서 숫자가 커질수록 해상도는 좋아진다.

🔔 비트레이트(Bitrate)

특정한 1초마다 처리하는 비트 수를 말한다. 즉, 비트레이트가 높을수록 동영상은 더 많은 정보(비트)를 가지게 되므로 화질은 더 좋아지게 된다. 하지만 비트레이트를 많이 집어넣으면 넣을수록 비트의 수는 그만큼 커지게 되므로 데이터 용량 또한 커지게 된다. 모바일로 편집작업을 많이 해야 하는 경우라면 위 사진 정도만큼만 사용하기를 권한다.

미디어 콘텐츠로 세상과 소통하라

키네마스터를 활용한 영상 편집 ②동영상 활용 편집 방법

이번에는 동영상을 활용해서 편집하는 방법을 알아보도록 하자. 손에 익숙해지도록 많은 반복이 필요하다. 이 역시도 먼저 [키네마스터 앱 → 새로 만들기 → 프로젝트명 적기 → 화면 비율(16:9) → 만들기]로 세팅하고 시작하도록 하자.

1. '동영상' 카테고리 터치 → 폴더에서 사용하려는 동영상을 불러온다.

2. 동영상 안에 들어있는 보이스를 쓰려면 볼륨을 최대치로 올리고, 쓰지 않
으려면 '동영상 클립' → '믹서'를 터치하여 '음소거'를 한다.

3. 100%로 기본 설정된 볼륨을 최대 200%까지 올리고 '자동 볼륨'을 반드
시 활성화한다.

미디어 콘텐츠로 세상과 소통하라

4. '속도'를 살짝 당겨주면 보이스의 '명확도'를 올릴 수 있다.

5. 속도를 '1.1 배속'으로 맞춘 후 '음정 유지'를 활성화해 주어야만 정상 보이
   스를 유지할 수 있다.

6. 필요 없는 부분을 잘라내는 컷 편집을 해 보자. 빨간색 플레이헤드를 기준으로 ②를 잡고, 우측으로 밀어 넣거나 ①을 터치해서 트림해 본다.

7. 빨간색 플레이헤드를 기준으로 왼쪽을 컷 해주어야 할 때는 '왼쪽 트림'을, 오른쪽일 때는 '오른쪽 트림'을 터치한다.

미디어 콘텐츠로 세상과 소통하라

8. 가운데를 컷 해주어야 할 때는 '분할'을 터치한다(2024년 7월 이후 '자르기' 로 명칭 변경).

9. 중간 부분에 있는 '점 4개'를 잡고 잘라내고자 하는 부분까지 '밀어 넣기'를 한다. 어느 정도를 컷 해야 할지 잘 모르겠다면 '재생' 버튼을 눌러 확인하 면 된다.

10. '분할 및 정지화면 삽입' 기능은 '인물 강조' 효과를 줄 때 유용하다.

11. 정지 화면으로 만들려고 했던 사진을 다른 곳으로 이동할 때는 '클립'을
꾹 눌러서 옮기면 된다.

미디어 콘텐츠로 세상과 소통하라

12. 다음은 '엔딩 효과'에 적용할 때 유용한 '키프레임' 기능을 알아보자. '레이어' → 텍스트 → 원하는 문구를 넣는다. 그리고 ①에 커서를 둔 상태에서 ② Enter 키 터치 → ③에 커서를 둔 상태에서 ② Enter 키 터치 → ④ '확인'을 터치한다.

13. ①과 ② 공백을 비워두는 이유는 자막을 꺼내기 편하기 때문이다. 완성된 자막 문구를 화면에서 처음 등장할 위치에 둔다. 필자는 하단에서 상단으로 이동할 키프레임을 적용할 것이라 중앙 하단에 두었다.

14. 자막을 중앙 하단으로 완전히 들어가게 점선만 보이도록 둔다. 플레이헤드를 좌측으로 살짝만 이동하면 1번 자리에 키프레임을 설정할 수 있는 '+'가 보인다. ①을 터치하면 노란색 텍스트 레이어바에 빨간 점이 생성된다. 이것을 지우려면 ①에서 키프레임 '-'를 터치하면 레이어바의 빨간 점이 지워진다. 여기까지 하면 키프레임 효과 1단계가 설정된 셈이다.

15. 플레이헤드를 노란색 텍스트 레이어바 중앙에 갖다 놓은 후 화면 하단에
있는 자막을 2단계 자리(화면 중앙)로 올린다.

16. 플레이헤드를 노란색 텍스트 레이어바 오른쪽 끝(①)에 갖다 놓은 후 화
면 중앙 자막을 화면 밖으로 사라지도록 상단 끝으로 완전히 올린다. '재
생' 버튼을 눌러 키프레임이 적용되는 속도를 확인한다.

17. 너무 빨리 자막이 올라간다면 장문의 자막일 경우 시청자들이 글을 충분히 읽을 수 없다. 속도 조절은 노란색 텍스트 레이어바 오른쪽 끝의 '점 4개'를 잡고 우측으로 늘리면 된다. 적당히 늘린 상태에서 '재생'을 눌러 알맞은 속도로 조율할 수 있다.

미디어 콘텐츠로 세상과 소통하라

18. 이번에는 가로로(우에서 좌로) 이동하는 키프레임 효과를 적용해 보자. 원하는 문장을 적고 ②에 커서를 둔 상태에서 ③ 스페이스바 4번 터치 → ①에 커서를 둔 상태에서 ③ 스페이스바 4번 터치 → ④ '확인'을 터치한다.

19. 적어둔 문장은 등장할 위치(우측 상단)로 갖다 놓는다 → 빨간색 플레이헤드를 ①방향 좌측으로 살짝 밀어서 ③ '+'를 터치한다. 여기까지 키프레임 1단계 설정이다.

20. 키프레임 2단계 설정: 빨간색 플레이헤드를 노란색 텍스트 레이어바 중앙에 갖다 놓고 상단 우측 자막을 상단 중앙에 갖다 놓는다.

미디어 콘텐츠로 세상과 소통하라

21. 키프레임 3단계 설정: 플레이 헤드를 노란색 텍스트 레이어바의 오른쪽 끝에 두고 상단 중앙 자막을 화면 밖으로 완전히 나가도록 보낸다.

22. '재생' 버튼을 눌러서 속도를 확인하고 텍스트 레이어바로 조절한다.

23. 좌측 상단 '⋯'을 터치하면 보이는 다양한 기능을 활용할 수 있다.

24. 재미 요소를 위해 스티커 기능을 활용해 보자. '레이어 → 스티커 → 에셋 스토어'를 터치한다.

미디어 콘텐츠로 세상과 소통하라

25. 카테고리 '텍스트 → 자막 바 모음'을 선택해 보자. 이색적인 자막을 만들 수 있다.

26. 다운로드가 완료되면 '〈' → 'X' 터치 후 다운로드 창에서 나온다. 마음에 드는 기능은 '즐겨찾기'에 모아두면 편리하다고 했다. 필자는 즐겨찾기에서 하나를 불러왔다.

27. 스티커 텍스트 입력은 보이는 화면 창에서 입력할 수 없다. 우측 상단 '⟨'
   을 터치해 본다.

28. 우측 상단 '속성'을 터치한다.

미디어 콘텐츠로 세상과 소통하라

29. '타이틀 텍스트'에 글을 넣는다. 두 텍스트 상자 중 하나를 넣지 않을 경우
'여기에 텍스트 입력'이라는 자막이 표기된다. 그러므로 2개의 텍스트에
는 반드시 글을 넣어야 한다.

30. 우측 'a'로 글자 폰트도 원하는 것으로 교체해 보고, '확인'을 터치한다.

31. 화살표를 활용해 자막 스티커 크기를 조율하고 원하는 위치에 놓는다.

미디어 콘텐츠로 세상과 소통하라

32. 자동 자막 기능도 활용해 보자. 채널의 '검색엔진 최적화(SEO)'에도 영향
   을 미치는 요소이므로 적극적으로 적용해 보자. 동영상 클립 터치 → '자
   동 자막'을 터치한다. 보이스 더빙 때도 자동 자막 기능을 활용할 수 있다.

33. 처음 사용할 때 '한국어' 에셋을 다운받아야 하므로 '플러그인 받기' 터치 → '한국어' 터치 후 필자의 화면처럼 터치한다. 채널 콘텐츠에 따라 다양한 외국어 에셋도 다운받아 사용할 수 있다.

34. AI가 하다 보니 간혹 오탈자가 나올 수 있는데 우측 '편집'을 활용해 수정하면 된다. 기존 폰트 외 다른 폰트로 바꿀 수도 있고, 우측의 다양한 요소를 추가로 적용할 수 있다.

미디어 콘텐츠로 세상과 소통하라

35. '회전/미러링' 기능은 촬영한 동영상 방향을 바꾸고자 할 때 굉장히 유용한 기능이다.

36. 좌우/상하 미러링, 360도 회전 기능 등을 적절히 활용해 볼 수 있다.

37. AI 스타일 적용으로 흥미진진하게 바꾸어 볼 수도 있다. '영상 클립 → AI 스타일'을 터치해 보자.

38. 사용하려는 에셋을 하나 선택하면 된다. 필자는 '아트'를 터치했다(필자가 선택한 에셋은 프리미엄 이용자들에게 제공되는 것이다).

미디어 콘텐츠로 세상과 소통하라

39. 다운이 완료되면 좌측 상단 '〈' → 'X'를 터치하여 화면에서 나온다.

40. 선택한 스타일이 마음에 들면 꾹 눌러서 '즐겨찾기'에 모아두자. 바로바
로 담아둬야 필요할 때 적용해 볼 수 있다.

41. 핸드폰 저장공간이 부족하면 사진처럼 화면에서 오래 체류할 수 있다(미리미리 필요 없는 파일은 비워서 활용하자). AI 스타일 적용이 완료될 때까지 잠시 기다리자.

42. 우측 '비네트' 기능도 활성화하면 화면 배경의 테두리에 멋스러운 효과가 나타난다.

미디어 콘텐츠로 세상과 소통하라

43. 42번의 '비네트' 하단에 보이는 '상세 볼륨' 기능도 이용해 보자. 해당하는 '동영상 클립'이나 '오디오 레이어'에서 세부적인 볼륨을 조절해야 할 때 필요한 기능이다. 보통 3단계에 나누어서 서서히 줄여준다. 잘못 적용했을 경우 우측 '-' 버튼을 터치하여 지울 수 있다. 중간중간 영상의 음악을 키우거나 줄여야 할 때도 사용할 수 있다.

44. 주변 소음을 잡아주는 마이크를 미처 사용하지 못했을 때 편집기 안에서
    도 이를 최소화할 수 있는 우측의 '잡음 제거'를 활성화해 보자.

45. '레이어 → 텍스트'를 통해 채널명을 적고, 좌우측 상단에 놓는다. 그리고
    텍스트 레이어바는 영상이 끝나는 클립이 있는 곳까지 길게 늘여 놓는다.

46. 사진 편집 시 배웠던 '장면 전환 기능'도 설정해 보자. 설정했던 효과를 전체에 적용하고 싶다면 카테고리 우측 상단 '전체 적용하기 '를 터치하면 된다.

47. '오디오 → 배경음악'을 선택한다. 보이는 화면에서 '+'을 터치하면 된다.

48. 동영상 클립 기존 보이스를 살려야 하므로 배경음악은 반드시 볼륨을 하향 조정해 주어야 한다. 타임라인에 있는 파란색 '오디오 레이어바' 터치 → 우측 상단 '믹서'를 터치한다.

49. 배경음악은 '25 이하'로 낮춘 후 '자동 볼륨'은 반드시 활성화한다.

미디어 콘텐츠로 세상과 소통하라

50. 보이지 않는 데이터 용량을 차지할 수 있으므로 필요 없는 부분(레이어 바)은 우측 '트림/분할'을 터치해서 깔끔하게 잘라낸다.

51. 왼쪽 카테고리에 있는 '톱니바퀴 모양'을 터치해서 오디오를 조절해 보자.

52. 영상이 끝나기 2초 전에 음을 자연스럽게 서서히 줄여주는 '오디오 페이드 아웃' 기능을 잊지 말고 활성화하자. 여기까지 되었다면 좌측 상단 'X'를 터치한다.

★Tip★

키네마스터 홈 화면에 있는 '영상 템플릿' 이용 시에는 '오디오 페이드 아웃' 기능이 자동 설정되어 있다.

미디어 콘텐츠로 세상과 소통하라

53. 우측 상단 '내보내기'를 터치하여 동영상을 저장하자. 이때 파일은 'MP4'
    로 저장된다.

여기까지 키네마스터에서 사진과 동영상을 활용한 영상 편집 방법을 알아보
았다. 반복하는 것만이 여러분의 실력을 향상시킬 수 있다는 것을 기억하자.
유튜브 채널 [조안아카데미 → 재생목록 → "나는 유튜브를 통해 퍼스널브랜
딩을 한다"]에 다양한 내용이 업로드되어 있으니 참고해 보길 바란다.

템플릿을 활용하여
인트로/아웃트로 영상 만들기

직접 제작한 영상 앞부분과 뒷부분에 불러올 수 있는 인트로와 아웃트로 영상을 키네마스터 템플릿을 활용해 손쉽게 만들어 보자. 2024년 9월 기준, 키네마스터 내 숏폼 영상 제작 전용 앱 '스프링(Spring)'을 다운받으면 더 많은 종류의 템플릿을 활용할 수 있다. 해당 앱 활용법은 [조안아카데미 → 재생목록 → "나는 유튜브를 통해 퍼스널브랜딩을 한다"]를 통해 자세히 확인할 수 있다.

1. 키네마스터 홈 화면에 보이는 '인트로' 카테고리를 선택 후 마음에 드는 템플릿을 고른다. 이 템플릿을 활용하기 위해서는 우측 하단 'MIX'를 터치해야 한다(처음 사용 시 '구글로 계속하기' 터치 → '사용자 이름은 소문자로 기재' 후 터치).

미디어 콘텐츠로 세상과 소통하라

2. 동영상 클립을 터치하고 나의 갤러리로 이동한다.

3. 선택한 동영상 클립으로 교체할 만한 적절한 사진이 있는 폴더를 터치한
   다.

4. 동영상 클립이 있던 자리에 반드시 동영상으로 교체해야 하는 것은 아니다. 사진 ⇄ 동영상 맞교체가 가능하다.

5. 레이어에 있는 사진도 내 것으로 교체해 보자.

6. 하단에 있는 텍스트 레이어를 터치해서 글자를 수정하되, 인트로 영상으로 어울릴 만한 문구를 써보자.

7. 우측 상단 'Aa 폰트'를 터치하여 마음에 드는 글자체로 바꿔보자. 처음 사용 시 '에셋스토어 → 한국어 → 마음에 드는 폰트 선택 → 다운로드' 한다.

8. 사용하지 않는 텍스트 레이어는 왼쪽 '휴지통' 버튼으로 삭제할 수 있다.

9. 마지막 남은 텍스트 레이어도 적고 싶은 문구로 바꾼다.

미디어 콘텐츠로 세상과 소통하라

10. 우측 상단 '내보내기'를 터치해서 갤러리에 저장한다.

★Tip★

경우에 따라 텍스트를 '편집'이 아닌 '속성'에서 수정해야 할 때도 있다. 노란색 레이어바가 아닐 때는 우측 상단에 보이는 '속성'을 찾는다.

유튜브 동영상 다운로드 방법
(PC 버전)

♥ ↱ ⋯

유튜브 콘텐츠 제작을 하다 보면 내가 주장하는 것에 대한 설득력을 강화시키기 위해 타인의 것을 인용해야 할 때가 있다. 이때 사용하고자 하는 영상의 원저작자에게 사전 허락을 받아야 한다. 메일이나 해당 영상에 댓글 형태로 진행할 수 있으며 인용되는 영상은 내가 올리고자 하는 창작물의 절반을 넘어서는 안 된다. 사용 후엔 반드시 출처를 남기는 것을 원칙으로 한다.

미디어 콘텐츠로 세상과 소통하라

1. 유튜브 '홈'에서 찾으려는 영상 키워드를 검색창에 입력한다. 필자는 '자존
   감'을 검색했더니 '자동 연관 검색어'가 보인다. '자존감 높은 사람 특징'이
   라는 제목을 클릭했다.

2. 찾으려는 영상이 검색되면 상단 주소창을 더블 클릭하고, [https://www.
   youtube.com~] 형태로 바뀌는 것을 확인한다.

3. 주소창 youtube의 'y' 앞에 'ss'를 넣은 후 클릭한다. 지금 안내하는 방법은 무료로 사용할 수 있는 기능으로 스팸 광고가 무작위로 노출될 수 있다. 광고화면은 반드시 스킵하기 바란다.

4. '다운로드'를 클릭한다(해상도는 기본 설정).

미디어 콘텐츠로 세상과 소통하라

5. 우측 상단 '다운로드 보관함' → '폴더 열기'를 클릭한다.

6. 방금 다운로드한 파일을 '바탕화면' 카테고리로 옮겨놓는다.

모든 작업 파일은 잘 찾을 수 있도록 바탕화면에 두는 것이 좋다. 작업이 끝나면 바로 지워버릴 수 있어서 정리하기도 쉽다.

7. 바탕화면에 저장된 파일을 카톡 '나에게 보내기' 한다. 용량이 큰 영상은 카톡으로 보내지지 않을 수 있다. 그러면 두 챕터 이후에 소개되는 "대용량 파일을 쉽게 전송하는 방법(p.258~261)"을 활용하길 바란다.

미디어 콘텐츠로 세상과 소통하라

8. '1개 전송'을 클릭하면 카톡이 전송된다. 해당 파일을 열어서 저장 → 키네
   마스터에서 불러오기 → 인용할 부분만 남기고 컷 편집 후 사용한다.

안드로이드폰 이용자는 원스토어에서 '스텔라브라우저' 앱을 다운받으면 모
바일에서도 영상 다운로드가 가능하다. (아이폰 이용자: 구글 검색 → 원스토어
앱 다운로드 → '스텔라 브라우저' 앱 설치)

유튜브 오디오 보관함에서 음원 다운로드하는 방법

키네마스터 동영상 편집기에는 꽤 많은 음원이 제공되고 있다. 더 다양한 음원이 필요하다면 유튜브 자체에서 제공하는 음원도 무료로 이용할 수 있다. 다음에 소개할 방법 외에도 유튜브 검색창에서 '무료 음원'이라는 검색어를 입력하면 여러 유튜버가 업로드해 놓은 무료 음원을 활용할 수 있다.

1. '내 채널 보기 → 채널 맞춤 설정 → 오디오 보관함'을 클릭한다.

미디어 콘텐츠로 세상과 소통하라

2. 음악을 들어보고 마음에 들면 우측 하단 '다운로드' 버튼을 클릭한다.

3. '다운로드 보관함 → 폴더 열기 → 바탕화면으로 드래그 → 카톡 나에게 보내기 → 모바일 카톡에서 해당 파일 저장 → 키네마스터 오디오 → 키네마스터 앨범' 순으로 진행한다. 키네마스터 우측 상단 검색창에 다운받았던 '음원 파일명'을 입력한다. 음원이 불러와지면 터치 → 우측 '+' 터치하여 타임라인에 불러오면 된다.

대용량 파일 쉽게 전송하는 방법

　대용량 파일을 쉽고 빠르게 공유할 수 있는 도구가 있다. 샌드애니웨어가 그것이다. PC와 모바일상에서 서로 쌍방향 전송과 수신이 가능하다. 단, 모바일 사용 시 '샌드애니웨어' 앱이 다운되어져 있어야 하고, PC에서는 사이트로 바로 접속하면 된다. 필자는 PC에서 모바일로 전송받는 법에 대해 안내해 보겠다.

1. 구글 검색창에 '샌드애니웨어'를 검색한다.

2. 모든 작업의 원활한 진행을 위해 '모든 쿠키 허용(Acepts all cookies)'을 클릭하고, 좌측 상단 '+'를 클릭한다(사이트 접속 시 필자의 화면처럼 보이지 않는다면 중앙 카테고리 '파일 전송'을 클릭).

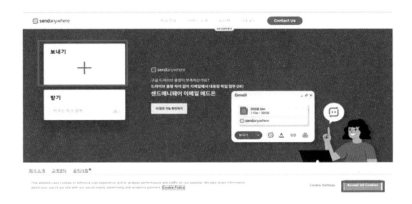

3. 모바일로 보내려는 동영상 파일 클릭 → '열기' 클릭 또는 더블 클릭한다.

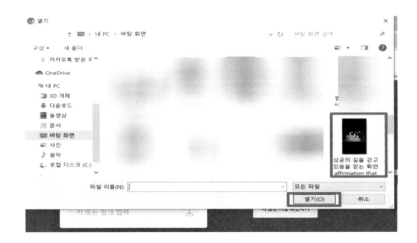

4. 바탕화면에 있는 동영상 파일을 불러온 후 '보내기' 클릭 → 무료 사용이라 잠시 광고 시청 후 '닫기'를 클릭한다.

5. PC 화면에서 보이는 링크 번호는 '샌드애니웨어' 모바일 앱 터치 → 하단 '받기' 터치 → 상단 '키 입력' 창에 적는다.

6. 모바일 화면에서 키 번호를 입력 후 '받기' 터치 → PC 화면에 '전송 완료'
   메시지가 뜨면 내 모바일 갤러리 앨범(샌드애니웨어)에 다운로드 되어 있
   을 것이다. 키네마스터에서 불러온 후 컷 편집해서 사용하면 된다. 샌드애
   니웨어는 하나의 링크가 한 사람에게만 전송된다.

파일 변환하는 방법

　미리 캔버스라는 툴을 활용하여 다양한 템플릿으로 채널 아트, 채널 로고, 썸네일 등을 만들 수가 있다고 했다. 이때 아이폰 유저들은 다소 불편한 일들이 발생하기도 한다. 아이폰에서 보내져야 할 사진들이 미리 캔버스에서 허용되는 사진의 파일과 달라서 본인의 사진을 쓸 수 없는 경우가 생긴다. 그럴 때 다음에 소개하는 '파일 변환기'를 이용하면 손쉽게 파일을 변환해서 작업해 갈 수 있다. 그 외에도 원하는 파일로 변환해야 할 때 유용하게 활용될 것이다.

1. 구글 검색창에 '파일 변환기(Convertio)'라고 입력한다.

　　　　　미디어 콘텐츠로 세상과 소통하라

2. '파일 선택' 클릭 → 변환하려는 파일 선택 → 하단 '열기' 클릭한다.

3. '⌄(꺾쇠 모양)'을 클릭한다.

4. 카테고리 선택 후 원하는 포맷을 클릭한다.

5. '변환'을 클릭한다(필자는 JPG에서 DOC로 변환을 선택해 보았다).

미디어 콘텐츠로 세상과 소통하라

6. 우측 '다운로드'를 클릭한다.

7. 우측 상단 '다운로드 보관함' 클릭 → '폴더 열기' → 바탕화면으로 드래그해
　서 활용한다.

재생목록 만들기 (1)

    유튜브 채널을 만들고 동영상을 업로드하다 보면 어느 순간 많은 영상이 쌓이게 된다. 영상의 수가 많아지면 분류의 필요성이 생기는데 그 분류를 할 수 있게 하는 것이 바로 '재생목록'이다. 시청자에게는 각 동영상을 수동으로 검색하지 않고도 관련 콘텐츠를 쉽게 찾을 수 있도록 도와준다. 제작자에게는 동영상을 정리하고, 특정 틈새 시장이나 주제에 대한 전문성을 입증할 수 있다. 이로 인해 시청자의 참여를 유지하고 시청 시간을 연장할 수 있게 한다.

    재생목록 유형에는 '표준 재생목록', '시리즈 재생목록', '좋아요 표시한 동영상 재생목록', '나중에 볼 재생목록'이 있다. 시청자와 제작자를 위한 재생목록의 최적화를 위해서는 설명이 포함된 제목과 관련 키워드를 사용한다. 눈길을 끄는 맞춤 미리보기 이미지, 합리적인 재생목록 길이, 추천 콘텐츠(최고의 동영상)는 시작 부분에 배치한다. '새 재생목록'을 만드는 방법과 효과적으로 관리하는 방법에 대해 알아보도록 하자.

① 재생목록은 '유튜브 스튜디오'에서도 관리할 수 있다.

② 동영상 또는 채널의 시청자층이 '아동용'으로 설정되어 있으면 홈페이
   지에서 재생목록에 추가할 수 없다. 검색 결과에 표시된 콘텐츠를 재생
   목록에 추가하는 것은 가능하다.

1. 내 채널 '프로필 사진'을 클릭하고 '동영상 관리'를 클릭한다.

2. 영상 상세설명란에 마우스를 움직이면 좌측 하단에 '연필 모양(세부 정보)'

이 생성된다. 연필 모양을 클릭해 보자.

채널 콘텐츠

동영상	Shorts	라이브	게시물	재생목록	팟캐스트	프로모션

	동영상		공개 상태	수익 창출	제한사항	날짜 ↓
		시작이 욕망이라면? 끝이 발현이다♥조... ↑ 99% 업로드 중	⏱ 대기 중			
	10:14	하루하루는 하나의 인생이다♥조안쌤... #독서나눔 #명언 #책추천 ⬇️저서유튜브콘 텐츠지도사 자격 가이드|구매하기 /시간 ...	⏱ 예약됨	💲 사용	없음	2024. 5. 4. 예약 날짜
	11:15	나의 말 한마디로 누군가를 살릴 수도 ... #책추천 #말의힘 #책읽어주기 ⬇️저서유튜 브콘텐츠지도사 자격 가이드|구매하기 /신...	⏱ 예약됨	💲 사용	없음	2024. 5. 2. 예약 날짜
	14:36	'죽음'에게 물었더니 '삶'이라고 대답했... #죽음에게물었더니삶이라고대답했다 #책 추천 #책읽기 ⬇️저서유튜브콘텐츠지도...	⏱ 예약됨	💲 사용	없음	2024. 4. 30. 예약 날짜

필자는 이미 재생목록을 만들었기 때문에 상단 섹션에 '재생목록'이 보이는

것이다. 처음 만들 때는 필자처럼 보이진 않는다.

3. '▼(작은 삼각형 모양)'을 클릭한다.

4. 필자처럼 자신의 콘텐츠에 맞는 재생목록을 만들 수 있도록 하자. '새 재생목록'를 클릭한다.

5. '새 재생목록'의 제목과 설명을 적절하게 입력한다. 영상의 최적화(SEO)와 관련 있는 부분이므로 심사숙고해서 잘 적도록 한다. '새 재생목록 만들기'는 모바일에선 지원되지 않는다. 번거롭더라도 PC를 통해 만들어 보자.

미디어 콘텐츠로 세상과 소통하라

재생목록 관리하기 (2)

내 채널에 입장하는 시청자들에게 어떤 재생목록 순서로 보여주느냐는 중요하다. 업로드된 영상 중 '인기 동영상' → 채널을 '대표할 만한 동영상' 순으로 보여준다면 채널에 대한 신뢰도를 높일 수 있다. 재생목록을 좀 더 전략적으로 관리하고, 시청자와 창작자 모두에게 유리한 '재생목록' 기능을 적극 활용할 수 있도록 하자.

1. '내 채널 → 채널 맞춤 설정'으로 들어가서 사진에 보이는 '='을 좌클릭한 상태로 꾹 누른 후 원하는 위치로 드래그한다.

2. 우측 ' : '을 클릭하면 추가 기능을 활용할 수 있다.

3. '재생목록 보기'를 클릭하면 핵심이 되는 대표 재생목록을 볼 수 있다.

4. • 전체- 재생목록 전체를 확인할 수 있다.

　• 동영상- 긴 동영상 재생목록을 확인할 수 있다.

　• Shorts- 짧은 동영상 재생목록을 확인할 수 있다.

5. '정렬'을 클릭하여 '추가된 날짜', '인기순', '게시된 날짜' 순으로도 변경할
   수 있다. 최신순으로 선택해 두면 최신 업로드된 순서대로 시청자들이 영
   상을 볼 수 있다.

미디어 콘텐츠로 세상과 소통하라

영상 업로드 후 상세설명란 세팅하기 ♥ ↗ ⋯
(썸네일 넣기, 카드 기능, 종료화면 기능 설정)

키네마스터 동영상 편집기로 영상을 편집한 다음 '내보내기'한 후 갤러리에 저장된 상태 이후부터 진행해 보겠다. PC와 모바일에서 진행하는 방법을 함께 소개한다.

▷▷ PC로 세팅하는 방법

핸드폰에 저장된 영상은 '샌드애니웨어(send anywhere)'를 이용하여 컴퓨터에 전송해 놓는다. (*PC를 활용한 동영상 편집기를 썼을 경우 완료된 동영상을 바탕 화면에 저장해 놓기!)

1. 우측 상단에 있는 '카메라 모양'을 클릭한다.

2. 구성을 알아보자.

#1: 동영상 업로드할 때

#2: 라이브 스트리밍할 때

#3: 게시물 작성할 때(구독자 500명 이상 되면 활용 가능)

3. 동영상 업로드(#1)을 클릭한 다음 '파일 선택' 클릭한다.

동영상 파일을 드래그 앤 드롭하여 업로드
동영상을 게시하기 전에는 비공개로 설정됩니다.

파일 선택

미디어 콘텐츠로 세상과 소통하라

4-1. 세부정보를 작성해 보자. 설명란 첫 줄에는 영상의 중요 키워드 3개를 넣고 그 키워드를 활용하여 설명글을 적는다. 제목도 중요 키워드를 넣어서 작성한다. '미리보기 이미지'에 썸네일 넣기를 한다. 첫 썸네일을 넣고 나면 옵션 기능(:)이 생겨서 변경할 수 있다.

4-2. 설명란 하단에 SNS 링크를 붙여넣기 한다.

5. 재생목록을 선택하고 '아니오, 아동용이 아닙니다(필수사항)'를 클릭한다. 이것을 클릭하지 않으면 댓글 사용이 중지되므로 반응도 지수를 떨어트리게 된다. 아이가 출연하더라도 되도록 '예, 아동용입니다'라는 체크란은 피하는 게 좋다. 그다음 '자세히 보기'를 클릭한다.

미디어 콘텐츠로 세상과 소통하라

6. #1은 유료 광고 시 체크한다. #2는 추가 태그를 넣는 곳으로 '내 채널 설정'에서 전체 키워드를 입력했다면, 추가 태그를 영상 올릴 때마다 넣지 않아도 자동 활성화된다. 영상에 해당하는 키워드를 추가로 넣거나 ×를 눌러서 삭제할 수도 있다. 유튜브에서 넣을 수 있는 태그는 총 15개가 적절하다.

7. 최종 화면과 카드 추가 기능을 활용하면 시청 시간을 늘릴 수 있는 이점이 있다. (이 기능은 PC에서만 적용 가능)

8. '최종 화면 추가'를 클릭한 후 요소 중 하나를 선택한 후 우측 상단에 있는 저장 버튼을 클릭한다.

미디어 콘텐츠로 세상과 소통하라

9. '카드 추가'를 클릭한 후 카드 유형을 선택한다. 카드 링크 기능은 '유튜브 파트너 프로그램'에 가입했을 때만 활용할 수 있다. 우측 상단에 있는 '저장' 버튼을 클릭한다.

10. 여기까지 되었다면 우측 하단에 있는 '다음'을 클릭한다.

11. 저작권 확인 후 우측 하단에 있는 '다음'을 클릭한다.

미디어 콘텐츠로 세상과 소통하라

12. 여기까지 되었다면 마지막 공개 버튼을 터치한 후 우측 하단에 있는 '게시'를 클릭한다.

▷▷ 모바일로 세팅하는 방법

모바일을 활용하여 유튜브에 업로드하려면 가장 먼저 설정된 계정이 일반(개인)계정의 채널인지 브랜드 계정의 채널인지를 확인해 두어야 한다. 'YouTube' 앱은 전체에게 공개되는 유튜브 홈이고, '유튜브 스튜디오(YouTube Studio)' 앱은 개인적으로 관리하는 스튜디오의 개념으로 이해하면 된다. 먼저 두 가지 앱을 함께 확인해 두자.

#. 요즈음 휴대폰은 '유튜브'라는
앱이 기본적으로 바탕화면에
세팅되어져 있다.

※CF : '유튜브 스튜디오'앱은 나의
유튜브 '개인 스튜디오'라고 보면 된다.
이곳에서 댓글관리및 채널분석등을
할 수 있다.

▶'YouTube': 바탕화면에 있는 '유튜브 앱'을 터치 후 #1을 터치 → 나의 채널명이
뜨지 않으면 #2(계정 전환)를 터치한다. '계정 전환'을 터치해도 뜨지 않는다면
#3(+)을 눌러 유튜브 계정을 추가한다.

미디어 콘텐츠로 세상과 소통하라

▶ **'YouTube Studio'**: 플레이스토어(Play store)에서 '유튜브 스튜디오 앱'을 다운받고 앱에 접속해서 우측 상단에 있는 프로필 사진을 터치한다.

▶ **'YouTube Studio'**: 자신의 해당 계정에 클릭한다. 꺾쇠 모양을 눌러서 자신의 계정에 터치하거나 '+' 버튼을 터치해 계정을 추가한다.

'YouTube' 앱과 'YouTube Studio' 앱을 확인해 봤으니, 이제 모바일로 상세 설명 세팅하는 방법을 알아보자.

1. 키네마스터에서 내보내기 과정으로 갤러리에 저장되었다면 #1.터치 → #2.터치→ 유튜브로 공유한다.

2. #1처럼 비공개 상태인지를 확인한다. (*작업이 완료되면 '공개'로 전환) #2 터치→ #3을 터치해서 유튜브에 올린 후 상세 설명 세팅은 '유튜브 스튜디오'에서 한다.

미디어 콘텐츠로 세상과 소통하라

3. '시청 준비 완료'라는 메시지가 뜰 때까지 기다리지 않아도 된다. 영상의
   길이가 길 경우엔 많은 시간이 필요하기 때문이다.

#. 이 창을 빠져 나와서
'유튜브 스튜디오'로 가서
추가적인 작업을 한다.

4. '유튜브 스튜디오' 앱으로 들어오면 중간 부분에 조금 전 업로드했던 동영
   상이 뜬다. 영상을 클릭한 다음 우측 상단에 있는 '연필 모양'을 터치한다.

5. 좌측 상단에 있는 '연필 모양'을 터치 후 하단에 있는 '맞춤 썸네일'을 터치한다.

'계정 인증을 정상적으로 받아놓은 상태'면 '맞춤 썸네일'이라는 글자가 진한 흰색으로 표기된다. 그렇지 않을 땐 희미한 글자로 나타나는데 '맞춤 썸네일' 글자를 터치한 후 '계정 인증' 단계로 들어가서 인증받으면 된다. '맞춤 썸네일'은 계정 인증받은 채널에만 제공되는 기능 중 하나다.

'맞춤 썸네일 사용, 실시간 라이브 스트리밍, 15분 이상의 장편 영상 업로드' 시 계정인증이 되어 있어야만 활용할 수 있다. 이 세 가지 중 가장 먼저 진행하게 되는 경우가 있다면 계정인증 과정은 팝업창으로 자동 활성화된다. 보이는 순서대로 휴대폰 인증 절차를 거칠 수 있도록 하자.

6. 우측 상단에 있는 '완료' 버튼을 터치한다.

\#. 처음 업로할 땐
'맞춤 썸네일'로 표시되고
추후 변경시 이곳에서
가능하다.

★Tip★

유튜브 쇼츠 썸네일은 선택이고, 일반 동영상에 업로드되는 롱폼 썸네일
은 필수다. 숏폼 썸네일을 넣고자 한다면 첫 업로드 시에만 넣을 수 있고,
추후 수정은 불가하다.

7. '설명 추가'를 터치하여 첫 줄에는 영상의 키워드 3개를 넣고, 그 키워드
를 활용하여 설명란의 글을 완성한다. 또한 이 키워드를 활용하여 '제목
작성'도 완료한다.

8. '시청자층 선택'은 보기와 같이 체크한다.

 Point

#.PC버전에서도 얘기했던 바와 같이
'예, 아동용입니다'로 체크되면
댓글사용이 중지된다.
아동들만 전용으로 봐야
하는 콘텐츠가 아니라면
굳이 '예, 아동용입니다'를
체크할 필요는 없다.

9. 재생목록에 추가 +버튼을 눌러서 종류를 선택한 후 완료를 터치한다.

미디어 콘텐츠로 세상과 소통하라

10. '태그, 카테고리, 댓글 등'의 꺾쇠 모양 터치해서 '태그 추가'를 한다. 여기
   선 태그를 적은 후 쉼표 처리한다. 이 영상이 필요 없을 시엔 하단에 있는
   'YOUTUBE에서 삭제'를 터치한다.

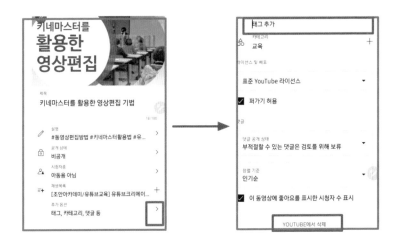

11. #1: 공개, 일부 공개, 비공개 기능   #2: 예약 시간 설정 기능

   여기까지 되었다면 비공개를 공개로 전환한 다음 '저장' 버튼을 터치한다.

내 채널 분석하기

영상 업로드가 되었으면 한 달 기준(최소한 4개의 동영상은 있어야 한다)으로 내 채널을 점검할 필요가 있다. 자신이 처음 생각했던 콘셉트와 잘 맞게 가고 있는지, 시청자들의 패턴은 어떠한지, 내 영상은 어떤 루트(경로)로 유입되고 있는지 등 다양하게 둘러볼 필요가 있다.

[유튜브 내 채널 → 채널 맞춤 설정 → 분석]에서 내 채널에 대한 전체적인 개요, 도달 범위, 참여도, 시청자층에 대해서 상세히 확인할 수가 있다. 내가 직접 만든 영상을 무료로 업로드할 수 있고, 이것에 대한 분석까지 제공받을 수 있으며 이에 따라 더 많은 성장을 만들어 갈 수가 있으니 여러분은 탁월한 선택을 한 셈이다.

▷▷ 채널 분석의 개요

지난 7일 동안 채널의 조회수, 평균 조회율, 고급 모드(날짜를 지정해서 내 채널의 성장 그래프를 확인할 수 있다), 구독자 상하향 정도, 시청 시간, 평균 시청 지속시간, 인기 동영상(자신이 올렸던 동영상에 대한 인기 순위를 보여준다)을 알 수 있다.

▷▷ 도달 범위

전체 노출수, 노출 클릭률, 순 시청자수, 트래픽 소스의 유형(외부, 재생목록, 유튜브 검색, 추천 동영상), 노출수가 시청 시간에 미치는 영향을 알 수 있다.

▷▷ 참여도

시청 지속시간에 중요한 부분, 인기 게시물, 최종 화면 기준 상위 동영상, 상위 최종화면 요소 유형을 확인할 수 있다.

▷▷ 시청자층

재방문 시청자, 순 시청자수, 시청자 증가를 유도한 동영상, 내 시청자가 유튜브를 이용하는 시간대, 구독자 시청 시간, 연령 및 성별, 영상을 많이 본 지역, 내 시청자가 시청하는 다른 채널, 내 시청자가 시청하는 다른 동영상을 알 수 있다.

영상을 꾸준히 업로드하면서 자신의 채널을 분석해 가면 자기 채널 정체성의 확신을 가질 수 있게 된다. 유튜브를 개설한 지 얼마 되지 않은 유튜버라면 최소 일 년 정도는 꾸준함으로 올인해 보자. 분명 눈에 띄게 성장할 것이다. 자신을 철저히 믿어보자. 믿는 만큼 현실이 된다.

깔끔한 레이아웃으로
채널 정체성 알리기

시청자가 내 채널 홈페이지를 방문하면 채널 예고편, 추천 동영상, 추천 섹션이 표시되도록 채널 레이아웃을 맞춤 설정할 수 있다. 이 설정을 해놓으면 시청자가 내 채널 홈페이지에 방문했을 때 채널 콘텐츠의 이해를 도모할 수 있고, 잠정적인 시청 시간도 늘일 수가 있다. 채널 레이아웃을 깔끔하게 맞춤 설정해 보자. 내 채널에서 '채널 맞춤 설정'을 클릭했다면 시작해 보자.

1. 레이아웃을 클릭하면 '비구독자 대상'에게 보여주는 첫 영상을 세팅할 수 있고, '재방문 구독자 대상'에게 보여주기 위한 추천 동영상을 세팅할 수 있다.

미디어 콘텐츠로 세상과 소통하라

2. 우측에 있는 '+ 섹션 추가'를 클릭한다.

3. 섹션별로 설정할 수가 있다.

4. 가장 하단에 있는 섹션에 옵션 기능을 클릭한다.

5. '섹션 콘텐츠 수정' 기능과 '섹션 삭제' 기능이 있다.

미디어 콘텐츠로 세상과 소통하라

6. 섹션의 순서(배열순서)를 변경할 수 있다. 두 줄로 된 선을 클릭해서 원하는 위치에 드래그한다. 영상의 중요도에 따라 섹션 배열하는 것을 권한다.

7. 우측 상단에 있는 '게시'를 클릭하면 맞춤 설정한 대로 저장된다.

일반계정 채널에서
브랜드 계정 채널로 이전하기

일반채널에는 관리자 기능이 없기 때문에 채널 관리를 도와줄 크리에이터를 추가할 수 있는 브랜드 채널로 운영해가기를 희망할 수 있다. 기존에 자신이 운영하던 채널의 영상과 구독자들을 그대로 이전시키는 방법을 활용하면 된다. 무엇보다도 자신의 채널이 일반 채널인지, 브랜드 채널인지 궁금해할 수 있다. 자신의 채널 종류를 파악하는 방법과 일반채널에서 브랜드 채널로 이전하는 방법을 소개하고자 한다.

▷▷ 내 채널은 일반채널인가? 브랜드 채널인가?

(*기존 계정이 있었던 독자들에게만 적용된다)

1. 우측 상단에 있는 채널 아이콘 클릭 → 설정을 클릭한다.

　　　　　　　　　　　미디어 콘텐츠로 세상과 소통하라

2. #1: '관리자 기능 추가'가 없으면 일반계정의 채널이다.

#2: 이전시킬 브랜드 채널을 하나 만든다.

3. 채널 이름을 적고(#1), #2를 체크한 후 만들기(#3)를 클릭한다.

4. 예시인 '조안미디어2'라는 브랜드 채널이 만들어졌다. 기존에 있는 브랜드 채널에 구독자가 100명 있고, 영상이 10개 있는 상태에서 일반채널에 있는 영상(20개)과 구독자(50명)를 이전시켜오게 되면 반드시 알아두어야 할 게 있다. 브랜드 채널에 있었던 영상과 구독자는 '0'이 되고, 일반채널에 있던 영상 20개와 구독자 50명만 이전된다. 두 채널의 구독자와 영상이 합산되는 것이 아님을 기억하라.

5. 이전해 올 일반채널로 들어가야 하므로 우측에 있는 꺾쇠(>)를 클릭해서 '계정 전환'을 한다.

6. '조안미디어2'는 새롭게 만든 브랜드 채널이고, '조안미디어'는 기존에 있
   었던 일반채널이다. '조안미디어'를 클릭하면 계정이 바뀐다.

업로드하여 시작하기

7. 계정이 바뀐 것을 확인했다면 '설정'을 클릭한다.

8. '고급 설정'을 클릭한다.

9. '브랜드 계정으로 채널 이전'을 클릭한다.

미디어 콘텐츠로 세상과 소통하라

10. 본인인증 과정을 거친다.

11. 컴퓨터 화면에서 보여지는 인증번호가 모바일에 똑같이 보인다.

Google

본인 인증

계정을 안전하게 유지하기 위해 Google에서 본인 확
인을 진행합니다

sucessfull05@gmail.com ⌄

41

Galaxy Note20 Ultra 5G 기기 확인

Google에서 Galaxy Note20 Ultra 5G(으)로 알림을 보냈
습니다. Google 메시지에서 **예**를 탭한 다음 휴대전화에
서 **41** 값을 탭하여 본인임을 인증합니다.

12. 모바일 화면에서 '예, 본인이 맞습니다' 터치 후 컴퓨터 화면에 생성된 숫자를 누른다.

13. '채널을 이전할 계정 선택'에서 '교체'를 클릭한다.

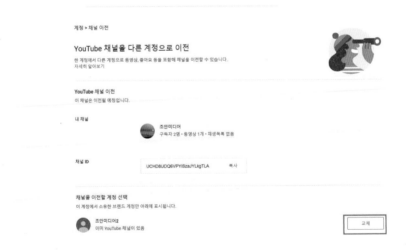

미디어 콘텐츠로 세상과 소통하라

14. 확인 후 '채널 삭제'를 클릭한다.

이 채널을 삭제하시겠어요?

삭제될 채널은 다음과 같습니다.
채널을 이전하면 현재 계정에 연결된 이 채널이 영구적으로 삭제됩니다.

조안미디어2
구독자 없음 · 동영상 없음 · 재생목록 없음

다음 항목이 영구적으로 삭제됩니다.
- 이 채널(동영상, 구독자, 좋아요, 기타 채널 콘텐츠 포함)
- YouTube에 올린 댓글
- 댓글에 대한 답글 및 좋아요 표시
- 검색 및 시청 기록
- 선물 설정

☐ 절차를 이해했으며 계속 진행하기를 원합니다.

취소   채널 삭제

15. '채널 이전'을 클릭한다.

조안미디어
구독자 2명 · 동영상 1개 · 재생목록 없음

이전 시 변경되는 사항
- 채널 이름과 아이콘이 YouTube 전체에서 업데이트됩니다.
- 채널 URL(http://www.youtube.com/channel/UCHD8UDQ6VPYlSzaJYLkgTLA)은 변경되지 않습니다.
일부 콘텐츠는 이전할 수 없습니다
- 댓글은 이전할 수 없습니다.
- 선물 설정이 삭제됩니다.
- 채널 소유자가 제공한 크리에이터 인구통계 정보는 삭제됩니다.

취소   채널 이전

16. 여기까지 진행되었으면 '채널 이전'이 완료된 것이다. 10분 이후에 '내 채널'에 가서 확인하면 이전이 되어 있을 것이다.

미디어 콘텐츠로 세상과 소통하라

유튜브 쇼츠폼 100% 활용하기

유튜브 쇼츠(Youtube shorts, 숏폼)는 세로 비율(9:16)의 동영상을 제작하고 공유할 수 있는 플랫폼으로 주로 15초 이상~60초 이하의 짧은 클립을 중심으로 구성되어 있다(2024.10.15. 이후 적용 → 쇼츠 최대 길이 3분 이내로 변경). 쇼츠가 가진 주요 특징을 가볍게 살펴보자.

편리한 편집 도구: 다양한 편집 도구와 필터, 음악을 추가할 수 있어 사용자가 쉽게 콘텐츠를 제작할 수 있다.

모바일 최적화: 스마트폰에서 쉽게 촬영하고 편집할 수 있도록 설계되었다.

알고리즘 기반 추천: 유튜브의 알고리즘을 통해 사용자 맞춤형 콘텐츠를 추천받을 수 있다.

커뮤니티와의 상호작용: 댓글, 좋아요, 공유 기능을 통해 다른 사용자와 소통할 수 있다. 이러한 특징을 가진 쇼츠를 인기 있게 만들기 위해서는 다음과 같은 사항들을 활용해 보길 추천한다.

첫째, 쇼츠는 최대 3분 이내로 제한되어 있지만 메시지를 간결하고 명확하게 전달하는 것이 중요하므로 15초 이상 30초 이내의 영상으로 제작하는 것이 이상적이다.

둘째, 현재 인기 있는 음악, 챌린지, 해시태그 등을 활용하여 트렌드에 맞는 콘텐츠를 제작한다. 이는 더 많은 조회수를 얻는 데 도움이 된다.

셋째, 다양한 편집 도구와 효과를 사용하여 시각적으로 매력적인 영상을 만든다. 빠른 컷, 전환 효과, 텍스트 오버레이 등을 활용하면 더욱 흥미로운 콘텐츠가 될 수 있다.

넷째, 특정 주제나 스타일을 정해 일관성을 유지하면 구독자들이 콘텐츠를 더 쉽게 인식하고 기억할 수 있다.

다섯째, 시청자에게 질문을 던지거나 댓글을 남기도록 유도하여 상호작용을 증가시킨다. 이는 알고리즘에 긍정적인 영향을 미칠 수 있다.

여섯째, 꾸준히 콘텐츠를 업로드하여 구독자와 관계를 유지한다.

일곱째, 유튜브의 분석 도구를 활용하여 어떤 콘텐츠가 잘 작동하는지, 어떤 부분에서 개선이 필요한지를 파악한다. 이를 통해 더 나은 콘텐츠를 제작할 수 있다.

쇼츠 최적화를 위해서는 키워드를 제목, 설명추가란, 태그추가란에 설정하고, 소셜미디어에 공유하며 시청자들의 참여를 유도(댓글,

미디어 콘텐츠로 세상과 소통하라

좋아요, 구독)하는 전략이 필요하다.

숏폼 업로드 방법에는 두 가지가 있다. 유튜브 자체에서 즉석으로 제작해서 업로드하는 방법과 외부에서 편집 후 업로드하는 방법이다. 동영상 편집기를 통해 세로 화면 비율로 최대 3분 이내의 영상을 제작해서 동영상 업로드를 하게 되면 유튜브 숏폼으로 업로드된다. 필자는 유튜브 자체에서 즉석으로 쇼츠를 제작해서 업로드하는 방법으로 소개해 보겠다([조안아카데미 → 재생목록 → "나는 유튜브를 통해 퍼스널브랜딩을 한다"]에서 동영상을 보며 만들어 볼 수 있다).

▷▷ 유튜브에서 즉석 쇼츠 제작하기

1. #1 모바일 바탕화면에서 '+'을 터치한다.

   #2 'Shorts' 카테고리에 설정이 되어 있는지 확인한다.

   #3 영상 길이를 최소 '15초'~'60초'로 변경한다(15초 만에 촬영된다면 굳이 변경하지 않아도 된다).

   #4 화면 카메라를 '전면모드'로 바꾼다.

   #5 '효과' 기능으로 들어가면 활용도 높은 다양한 기능이 많이 있다.

미디어 콘텐츠로 세상과 소통하라

2. 인물, 렌즈, 배경 카테고리를 터치해 보며 자기에게 맞는 기능을 선택하여
   중앙 우측에 있는 'V'자 모양의 확인 버튼을 터치한다.

3. 마음에 드는 음악을 선택해 보자(화살표 방향대로 터치).

4. 'Aa'를 터치하여 영상에 텍스트를 삽입해 보자.

5. 제목, 위치, 시청자층 선택하여 하단의 'Shorts 동영상 업로드'를 터치한다.
   여기까지 되었다면 '유튜브 스튜디오' 앱에 들어간다.

★Tip★
시청자층 선택은 반드시 '아니오, 아동용이 아닙니다'로 한다. '예, 아동용입
니다'로 선택 시 댓글이 자동 차단되어서 반응도 지수에 악영향을 미친다.

미디어 콘텐츠로 세상과 소통하라

6. 유튜브 스튜디오 앱에서 추가 세팅을 해 보자. 하단 '콘텐츠' 카테고리를 터치하고 상단의 'Shorts'를 터치한다. 조금 전 업로드한 동영상이 보일 것이다. 이때 우측 ' : ' 터치 → '수정' 터치한다.

7. '설명추가란'에 영상을 대표할 만한 3개의 키워드를 입력한 후 해당 키워드를 사용하여 설명 문장을 적는다.

8. '재생목록'에도 설정되어 있다면 공개 상태를 '비공개'에서 '공개'로 변경하고 우측 상단 '저장'을 터치한다. '재생목록'은 컴퓨터에서 만들었을 때만 모바일에서 활용할 수 있다. 재생목록방 설정은 중복 가능하다.

미디어 콘텐츠로 세상과 소통하라

시를 활용하여 성우 보이스로 녹음하기♥ ↗ ···

　키네마스터 동영상 편집기 내에도 음성을 변조하는 기능이 있지만 다양한 방법을 통해 녹음해 보는 것도 좋다. 텍스트를 다양한 모델의 AI 보이스로 합성 변환해 주는 '클로바더빙'을 활용해 보자.

1. 구글 검색창에서 '클로바더빙'을 검색한 다음 클릭한다.

Google 　클로바더빙　　　　　　　　　　　　　×　　🎙　🎤　Q

🔍 전체　▷ 동영상　🖼 이미지　📰 뉴스　📖 도서　⋮ 더보기　　　　도구

검색결과 약 38,400개 (0.37초)

https://clovadubbing.naver.com ▾

클로바더빙

Clova Dubbing Beta　보이스 선택 : 보이스 설정에서 마음에 드는 AI 보이스를 고르고　텍스트 입력 : 더빙할 내용의 텍스트를 자유롭게 입력하고　더빙 추가 : 원하는 구간에 …

서비스 플랜 안내
기업/단체에 소속된 사용자의 NAVER CLOVA Dubbing 무료 …

공지사항
기존 나눔 보이스 중 가서, 푼달, 드림, 늘봄 보이스가 신규 클로바 보 …

CLOVA Dubbing Beta
희망하는 AI 보이스 스타일을 고르기 : 가이드에 따라 스타일을 최대 …

Naver Sign in
Sign-in with Username : Sign-in with QR code. If this PC is used …

naver.com 검색결과 더보기 »

2. '클로바더빙 시작하기'를 클릭한다.

3. 간편 로그인, 약관 인증을 한 후 다음 4번 화면으로 들어온다.

미디어 콘텐츠로 세상과 소통하라

4. 번호 순서대로 입력하거나 클릭한다.

5. 미리 녹화해둔 동영상을 추가해서 AI 음성으로 더빙해 보기로 한다. 번호
   순서대로 진행한다.

★Tip★

동영상을 추가하지 않고, 보이스만 필요하다면 아래 7번 과정부터 진행하면 된
다. 키네마스터에서 불러오기 할 때는 '오디오 → 곡 → 음원 파일명 검색 → +'를
눌러서 삽입한다.

6. 동영상을 추가하면 하단 '타임라인'에 동영상 클립이 생성된다.

7. 'N보이스 설정'에서 성우 보이스를 색인한 후 #1을 클릭하면 어떤 성우 보이스로 할건지 선택할 수가 있다. #2에 더빙하고자 하는 텍스트를 입력한 후 #3 미리듣기를 해본다. 마음에 든다면 #4 +더빙 추가를 한다.

미디어 콘텐츠로 세상과 소통하라

8. 동영상 하단에 플레이 버튼을 클릭하여 보이스 더빙을 확인한다.

9. 우측 상단에 있는 '+'버튼을 활용하면 '효과음'도 추가할 수 있다(Tip: 효과
   음 사용은 '동영상'을 불러와서 AI 더빙할 때만 가능하다).

10. 우측에 있는 '다운로드'를 클릭하면 '주의사항 안내'에 관한 팝업창이 열린다. 확인 후 '폴더 열기 → 바탕 화면'에 저장해서 작은 용량인 경우엔 카톡 '나에게 보내기 → 카톡에서 저장 ⓦ 키네마스터 미디어'에서 불러오기를 하면 된다.

11. 삭제하고 싶을 땐 하단 타임라인에 불러와 있는 클립 우측을 클릭한다.

미디어 콘텐츠로 세상과 소통하라

귀여운 캐릭터 가면
쓰는 방법

얼굴 공개하는 것이 불편한 분들이라면 얼굴 모자이크 처리하는 것보다 이 방법을 활용해보는 것을 추천한다. SNOW 모바일 앱을 활용해 보자.

1. 좌측 하단에 있는 '이펙트' 터치 → 카테고리를 좌측으로 밀면 보이는 'AR 이모지'를 터치한다.

2. 스마트폰 하단에 있는 꺾쇠 모양(〈)을 터치한 후 우측 상단에 있는 카메라 모양 터치해서 카메라 방향을 '전면 모드'로 전환한다. 스마트폰 기종에 따라 다르게 보일 수 있다.

3. 공중 부양하고 있는 모습이 불편하면 배경 화면에 터치하면 여러 형태의 배경으로 바뀌어서 원하는 것을 선택할 수 있다. 중앙 하단에 있는 '비디오'를 터치한다.

미디어 콘텐츠로 세상과 소통하라

4. 상단에 있는 '음악 추가' 기능을 설정할 수 있다. 음악의 길이만큼 비디오 촬영이 가능하다. 마음에 드는 음악을 결정했다면 '사용 및 촬영시작'을 터치한다. 여기서 제공하는 음악은 유튜브에 업로드해도 저작권에 위반되지 않는다. 단, 릴스에서 사용했었던 음악은 일정 부분 이상이 되면 유튜브에 업로드했을 때 자동 끊김 현상이 발생한다.

5. 동영상 촬영 속도 조절도 가능하며 필터 효과도 다양하게 활용해보길 바란다. 중앙 하단에 있는 저장 버튼 → 확인 버튼을 터치하면 '내 갤러리' SNOW 폴더에 저장되어 있다.

실시간 스트리밍하기

계정 인증 과정을 거치게 되면 실시간 라이브 방송이 가능하다. PC에 웹캠이 있으면 별도의 인코딩 프로그램(Xsplit, OBS/유튜브로 송출하기 위한 소프트웨어)을 설치하지 않아도 손쉽게 라이브가 가능하다.

여기서 인코딩(Encoding)이란, 컴퓨터 정보의 형태나 형식을 표준화, 보안, 처리 속도 향상, 저장 공간 절약 등을 위해서 다른 형태나 형식으로 변환하는 것을 말한다. 또한 라이브를 하기 위해서는 '24시간' 전에 사전 활성화 과정을 거쳐야 한다. 실시간 스트리밍하기 위해 사전 활성화 과정부터 진행해 보자.

1. 내 채널 홈으로 들어와서 #1을 클릭 후 #2를 클릭한다.

미디어 콘텐츠로 세상과 소통하라

2. 사전 활성화를 해두면 실시간 24시간 이후부터 스트리밍 기능을 이용할
수 있다.

▷▷ 웹캠으로 실시간 스트리밍하는 방법

1. 우측 상단에 있는 카메라 모양 클릭 → '실시간 스트리밍 시작'을 클릭한다.

2. 라이브 관제실에서 '시작'을 클릭한다.

3. 내장 웹캠의 '이동' 버튼을 클릭한다.

미디어 콘텐츠로 세상과 소통하라

4. 마이크와 카메라 사용에 '허용'을 클릭한다.

5. 실시간 스트리밍하기 전에 세부 정보를 미리 적어두는 게 좋다. 제목과 설명란을 적는다.

스트림 만들기

세부정보 　　　　　　 맞춤설정 　　　　　　 공개 상태

세부정보

제목(필수 항목) ⑦
실시간 테스트용

설명 ⑦
#실시간방송 #유튜브교육 #조안쌤
안녕하세요, 포항유튜브강사 조안쌤입니다. 오늘 실시간 방송 유튜브 교육에 대해 여러분들과 편안한 소통
을 하고자 합니다. 많은 참여 부탁드립니다

99/5000

카테고리
시청자가 보다 쉽게 찾을 수 있도록 카테고리에 스트림을 추가하세요.

인물/블로그

미리보기 이미지
스트림을 나타내는 사진을 선택하거나 업로드하세요. 눈에 띄고 시청자의 관심을 끄는 이미지가 바람직한 썸네일입니다. 자세히
알아보기

6. 맞춤 미리보기(썸네일)를 채워 넣고, '아니오, 아동용이 아닙니다'(필수사항)에 클릭한다.

미디어 콘텐츠로 세상과 소통하라

7. 맞춤 설정에 체크 후 '다음'을 클릭한다.

8. 혼자서 연습할 때는 반드시 '비공개'로 표시했는지 확인해야 한다. 채팅창
   에 업로드되는 채팅 속도를 테스트해보고 싶을 때는 '일부 공개'로 설정한
   다음 실시간 스트리밍 URL을 카톡으로 전송해서 활용한다.

미디어 콘텐츠로 세상과 소통하라

9. '스트림 미리보기'를 통해 제목 수정이 가능하고 카메라와 마이크 설정을
   한 후 우측 하단에 있는 '시작'을 클릭한다.

10. 하단 중앙에 공유하기 버튼을 클릭해서 실시간 스트리밍에 참여할 사람들에게 URL 링크를 보낸다. 종료하고자 할 때 중앙 하단에 있는 '스트림 종료'를 클릭하면 실시간 방송이 종료되며 공개 형태(비공개, 일부 공개, 공개)에 맞게 유튜브에 자동 업로드된다. 실시간 방송했던 영상은 자동 업로드된다.

[내 채널 → 동영상 관리 → 실시간 스트리밍]에 가면 확인할 수 있다. 스튜디오 내에서 간단하게 수정 편집도 가능하다.

▷▷ 프리즘 라이브 스튜디오 활용법

다음은 네이버에서 계발한 '프리즘 라이브 스튜디오'라는 도구에 대해서 알아보겠다. 이는 PC와 모바일에서 앱을 다운받아 유튜브 계정과 연동만 되면 쉽게 사용할 수 있다. 이 도구의 최대 장점은 다중 송출이 가능하다는 것이다.

미디어 콘텐츠로 세상과 소통하라

1. Play store에서 '네이버 프리즘'을 설치 후 간편 로그인한다.

2. 앱을 사용하기 위해 권한 허용 → 사진 촬영, 동영상 녹화를 허용한다.

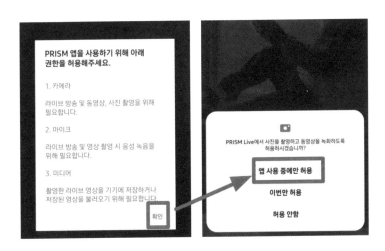

3. 녹음, 사진 및 미디어 액세스에 '허용'을 터치 → 크로마키 배경설정 확인을
터치한다.

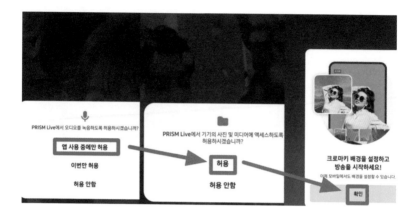

4. 스마트폰으로 촬영하는 화면을 PC로 연동할 수 있다. 'Connect'를 터치하
면 PC에 QR코드가 생성된다. 스마트폰으로 생성된 QR코드를 찍으면 PC
와 모바일이 연결된다. 이때 WIFI는 동일해야 한다. 왼쪽 상단에 있는 점
세 개(…)를 클릭하여 '전면 카메라 좌우 반전 사용, 라이브 후 동영상 자동
저장'기능을 활성화한다.

미디어 콘텐츠로 세상과 소통하라

5. '채널을 선택하세요' 옆에 있는 꺾쇠 모양을 터치 후 채널을 선택한다. '플 랫폼 선택'은 다중 송출할 플랫폼을 확인하는 곳이다. 전체 공개로 할 건지 일부 공개(미등록), 비공개(개인만 볼 수 있음)로 할 건지 선택 후 확인을 터 치한다.

6. 라이브 제목과 설명 추가를 번호순에 맞게 작성한다.

7. 화면을 왼쪽으로 skip 하면 이처럼 추가 기능들을 사용할 수 있다. 텍스트 편집을 활용해서 채널 이름, 라이브 방송의 제목 등을 입력할 수 있다.

8. 채팅 위젯도 선택해서 사용할 수가 있다.

미디어 콘텐츠로 세상과 소통하라

9. 하단 중앙에 있는 'VIDEO' 기능은 녹화 동영상으로 간단하게 편집도 할 수 있다. 하단 중앙에 있는 원을 터치하면 동영상 녹화가 가능하다. 우측 상단에 있는 프로필 사진을 터치하면 녹화 비디오 영상을 확인할 수 있다.

10. 우측 상단에 있는 '편집'을 터치한 다음 하단에 편집할 수 있는 타임라인이 생성된다. 'cc'는 자동 자막 기능이 있다.

11. 좌측 하단에 있는 +버튼을 터치하고 'CLOVA 자동 자막'을 터치하면 자동
    자막 기능을 활용할 수가 있다. 우측 하단에 있는 확인 버튼 터치 후 우측
    상단에 있는 '저장'을 터치한다.

미디어 콘텐츠로 세상과 소통하라

황금알을 낳는 키워드 찾는 방법

유튜브는 검색엔진 기반 시스템이라서 시청자들이 검색할 만한 키워드가 무엇인지에 대해서 자신의 채널 콘텐츠와 연관 지어 연구할 필요가 있다.

▷▷ 첫째, 키워드 리스트를 작성한다.

다양한 각도에서 자신의 콘텐츠와 관련된 키워드를 모은다. 여러 사람의 시각으로 키워드를 생각하는 것이 효과적인 키워드들을 구축하는 가장 유용한 방법이 된다.

▷▷ 둘째, '키워드 도구' 기반 시스템을 활용한다.

구글에서 제공하는 서비스로 '키워드도구'와 '키워드 툴'을 사용하고, 네이버에서 제공하는 서비스로 '네이버 광고'를 사용한다.

각 키워드 도구를 활용한 네이버 광고 사용법에 대해 살펴보자.

㉑ 키워드 도구 활용

㉑-1. 구글 검색창에서 '키워드 도구'를 검색하고 사이트에 접속한다. 인기 연관키워드를 확인할 수 있다.

㉑-2. 키워드 도구 검색창에 검색어를 입력하면 인기 연관키워드가 제공된다.

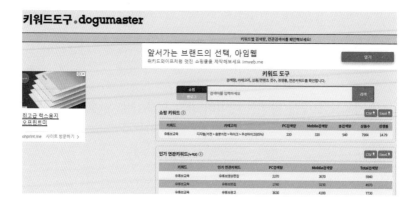

미디어 콘텐츠로 세상과 소통하라

㉴ 키워드 툴 활용

㉴-1. 구글 검색창에서 '키워드 툴'을 검색해 사이트에 접속한다.

㉴-2. '유튜브' 카테고리를 클릭한 후 검색창에 찾는 키워드를 입력하면 연관키워
드가 제공된다.

㉓ 네이버 광고 활용

㉓-1. 네이버 검색창에서 '네이버 광고'를 검색해 접속한다.

㉓-2. 로그인한다. 키워드 도구, 키워드 툴은 로그인하지 않아도 이용할 수 있다.

미디어 콘텐츠로 세상과 소통하라

㉰-3. '광고시스템 바로가기'를 클릭한다.

.

㉰-4. 도구 카테고리에서 '키워드 도구'를 클릭한다.

ⓒ-5. 찾고 싶은 키워드를 입력한 후 '조회하기'를 클릭한다.

ⓒ-6. 제공되는 연관키워드 중에서 자신의 영상에 해당되는 키워드를 사용한다.

▷▷ 셋째, 시장을 관찰한다.

키워드 도구들을 활용해서 제공되는 연관키워드를 사용했다 할지라도 시장에서의 동향은 꼭 살펴야 한다. 유튜브 스튜디오 안에서 제공하는 '애널리틱스(채널 분석)'를 통해 시청자들의 도달 범위(트래픽 소스, 상위 외부 소스, 상위 유튜브 검색어), 참여도(시청 시간), 시청자층(재방문 시청자, 신규 시청자, 시청자가 유튜브를 이용하는 시간대)을 주기적으로 확인한 후 객관적인 데이터에 의하여 수정 및 보완한다.

구독자를 늘리기 위한 7가지 방법

초보 유튜버들이 6개월도 채우지 못한 채 그만두는 보편적인 이유가 바로 구독자 수의 정체현상 때문이다. 자신이 크리에이터로서의 재능이 없어서도 아니고 콘텐츠의 내용이 좋지 않아서도 아니다. 단지 방법을 몰랐을 뿐이다. 필자가 지금부터 공개하는 내용들은 유튜브 관련 도서들, 성공한 유튜버들의 경험담 그리고 필자가 직접 경험해 본 후 타당성이 있는 내용들만을 모아 소개해 보려 한다.

▷▷ **첫째, 자신이 활동하고 있는 SNS(블로그, 인스타그램, 페이스북)와 카페, 각종 동호회 커뮤니티에 적극적으로 홍보한다.**

"내 채널에 영상이 많아지면 주변에도 홍보할래요." "지금은 많이 어설프고 부족해서 좀 더 자연스러워지고 스스로 떳떳해지면 그때 얘기할래요." "아직은 부끄러워서 말을 잘 못 해요." 등 다양한 이유로 자신의 채널 홍보를 꺼리는 이들이 많다.

그럴 필요 없다. 유튜브 채널을 개설하고 첫 영상을 업로드했다는 자체부터 칭찬받을 만한 일이다. 당당하게 주변에 어필할 수 있

미디어 콘텐츠로 세상과 소통하라

어야 내 채널 콘텐츠는 성장하게 된다. 처음부터 전문가 수준의 크리에이터는 0.01% 수준에 불과하다. 모두가 시작은 작고 어설프게 했다.

▷▷ 둘째, 매력적인 썸네일을 만든다.

유튜브 영상을 업로드했을 때 처음 피드에 썸네일이 노출되는 시간은 2~3초 정도가 된다. 그 짧은 시간에 불특정 다수의 시청자에게 내 영상을 클릭할 수 있게 하려면 '썸네일의 역할'이 커진다. 약간은 관종적으로 시청자들의 호기심을 유발할 만한 썸네일 사진과 제목은 필요하다. 영상의 내용과 전혀 해당 사항이 없는 제목을 넣는 건 필히 자제해야 한다. 어그로(aggro)를 끌기 위한 제목은 시청자들에게 실망감을 주기 때문이다.

▷▷ 셋째, 관련 동영상에 추천될 수 있도록 태그를 연구한다.

내 채널과 관련성 있는 크리에이터 영상을 구독하고 그 채널을 벤치마킹하는 게 필요하다. 모든 창조는 모방에서부터 시작된다. 관련성 있는 크리에이터는 어떤 패턴으로 내용을 전개하는지 주로 쓰는 태그는 무엇인지 등에 대해 관찰하고, 그 채널에 관심을 두고 있다는 식의 댓글을 성실히 달아둘 필요도 있다. 이러한 일을 반복적으로 하다 보면 관련 크리에이터 영상에 나의 영상이 관련 동영상으로 추천될 확률이 높아진다. 유튜브 알고리즘이 이런 식으로 시스템화되어 있기 때문이다.

▷▷ 넷째, 키워드 도구, 키워드 툴, 네이버 광고 툴과 유튜브 자동 연관검색어 등을 참조해서 키워드를 잡는다.

유튜브는 철저한 검색 시스템으로 기반되어 있다. 시청자들이 검색할 만한 키워드에 대해 고민하고 객관적인 데이터를 활용해 키워드를 적용한다면, 좀 더 많은 사용자에게 영상이 노출될 수 있고 구독자와 조회 수 또한 기대할 수 있다.

▷▷ 다섯째, 계절 및 특정 테마에 해당하는 키워드를 활용한다.

시대적, 계절적인 흐름에 따라 그때그때 이슈가 될 만한 키워드가 내 채널 콘텐츠와 연관성이 있다면 적극적으로 활용해 보는 게 좋다.

예를 들어 꽃과 식물에 관한 콘텐츠를 다루는 채널이라면 '발렌타인 데이 때 놓치지 말아야 할 선물은?'이라는 제목을 썼다고 하자. 여기서 키워드는 '발렌타인 데이'와 '선물'이다. 보통 발렌타인 데이 하면 먼저 떠오르는 것이 '초콜릿'이다. 유튜브를 검색해 보아도 핸드메이드 초콜릿에 관한 영상이 많이 나온다.

여기에 생각을 조금 추가해서 초콜릿을 넣은 꽃다발이나 꽃바구니를 만드는 방법에 대해서 영상을 찍어 올린다면 조회 수를 기대해볼 만하다. 특정 시즌이나 계절에 어울릴만한 키워드를 적절히 활용해 보길 바란다.

▷▷ 여섯째, 일관성 있는 콘텐츠로 초기 기반을 다진다.

내 채널의 정체성이 자리 잡을 때까지는 최소한의 시간과 영상의 개수가 필요하다. 우연히 내 영상을 하나 보았던 시청자가 내 채널 홈에 들어왔을 때 '이 채널은 ○○한 채널이구나!'라는 걸 인지하고 자신이 원하던 콘텐츠라면 구독할 확률이 높아진다.

초반 채널에 이것저것 다양한 영상물이 있다면 채널의 정체성을 표현하는 데는 한계가 있다. 초기 6개월 정도는 일관성 있게 한 가지 콘셉트로만 가자. 최소한 일주일에 두 개 정도의 영상을 올린다고 가정했을 때 50개 정도가 될 때까지다. 그 이후가 되면 재생목록을 만들어서 자신이 해 보고 싶은 다른 분야도 조금씩 확장하면 된다. 이왕이면 메인 콘텐츠와 연관성이 있으면 더 좋다.

필자의 콘텐츠 키워드는 '좋은 습관 만들기'와 '자존감', '유튜브 크리에이터'이다. '성공'이라는 큰 카테고리 하위 개념으로 좋은 습관을 만들어 내 몸에 정착시키다 보면, 자존감은 상승하게 된다.

결국 건강한 자존감으로 인해 선한 영향력을 주는 유튜브 크리에이터가 될 수 있다. 그것이 내 콘텐츠의 목적이자 내가 최종적으로 생각하는 크리에이터의 소명인 것이다.

▷▷ 끝으로 꾸준히 콘텐츠를 업로드하는 것이다.

초기 1년 정도엔 자신이 업로드할 날짜(혹은 요일)를 채널 아트에 게재할 필요가 있다. 시청자들과의 약속이기에 그것만은 스스로 지키려 애쓰게 되고 그 노력이 1년을 지속할 수 있게 해준다. 구독자 1,000명이 되지 않아도 1년 이상 크리에이터 활동을 해왔다면 최소한 그만두지는 않게 된다. 내 채널을 구독하고 내 영상을 좋아해 주는 시청자가 있다고 생각하면 그 마음을 내려놓을 수가 없기 때문이다. 이러한 방법들을 다양하게 적용해 보면서 크리에이터 활동을 즐기며 할 수 있기를 바란다.

유튜브는 장기전이다. 자신이 이뤄보고자 하는 큰 그림을 그려보고 그것을 천천히 이뤄나갈 수 있는 여유 있는 마음을 갖자.

제4장

당신의
소명을 찾아가라

자기성찰의 시간을 통해
현주소를 수시로 체크하라

자기성찰(自己省察)이란 말이 있다. 사전적인 의미로는 '자기 자신의 마음을 돌아보며 반성하고 살피는 것'을 말한다. 자신의 감정과 생각을 바로 알 수 있기 때문에 자신을 돌아보고 깊게 분석하여 이를 조절할 수 있게 된다. 자신을 객관적으로 볼 수 있는 힘이 있기에 자기 삶에 대한 깊은 이해와 공감을 비롯한 통찰이 가능하다. 내적 물음이라 할 수 있는 자기성찰은, 자신의 중요성을 타인에게 강조하는 편협하거나 이기적인 의식 상태에서 벗어나기 위한 기초적 요인이 된다. 결국 성숙한 인간으로서 원숙한 삶을 영위할 수 있게 하여 건강한 정신에 이르게 한다.

내 마음과 내 생각의 흐름을 살피고 또 살피면서 마음공부를 해나가면 이 마음을 자유자재로 사용하는 실력도 그만큼 향상된다. 수많은 경험과 잦은 실패를 통해 삶의 문제를 풀어가는 능력을 배양하다 보면 수난에 대한 삶의 굳은살도 갖춰지게 된다. 마치 내 삶의 훈장과도 같은 그것을 말이다. 그러한 경험에서 우리는 삶의 지혜를 발견하게 되고 똑같은 실수와 실패는 피할 수 있게 된다. 이러함은 마침내 '자기성찰'의 본질일 수 있다. 자기성찰을 위한 방법으로 명상법이나 호흡법, 분노·짜증·화 등 부정적인 자기감정을 관리하는 훈련 등 다양한 방법이 있다.

필자는 자기성찰의 방법으로 '맨발 걷기'와 '묵주기도'를 하고 있다. 맨발 걷기는 땅과의 직접적인 호흡을 통해 내 마음의 찌꺼기들을 분해할 수 있게 된다. 자연 앞에 인간은 한낱 피조물에 불과하다. 나는 마음 정리가 안 되고 생각이 복잡해질 때면 무작정 맨발로 걷는다. 만 보 가까이 걷다 보면 몸에서 땀이 나고 산만했던 감정들도 질서를 갖추게 된다. 따라서 내 안의 나에게 좀 더 집중할 수 있고 자연 앞에 겸손해진다.

또한 매일 묵주기도 하는 시간을 통해 신 앞에 나를 낮추고, 내 안을 점검하기에 나는 매일매일 새로워진다. 서양 고전 문헌학자 김헌 교수가 사순절(四旬節) 동안 자신과 대면하며 예수와 함께 한 40일간의 질문 시간을 기록한 자기성찰 에세이로『질문의 시간』이 있다. "1년에 한 번쯤은 살아 있음이 무엇인지? 나는 누구인지? 무엇을 위해 삶을 살아야 하는지?"에 대해 고찰하며 나를 되돌아보는 질문의 시간의 필요성을 전하고 있다.

'유튜버'는 누군가에게 긍정적인 에너지를 전해주는 선한 인플루언서여야 한다. 왜냐하면 유튜버는 공인이기 때문이다. 지식과 겸양을 갖추고, 나를 챙기는 것을 넘어 타인도 섬길 줄 아는 너그러움을 소유해야 한다. 이러한 과정들은 자기성찰의 시간을 통해 닦아지고 길러진다.

자기 확언은
긍정에너지의 발원지다

유튜브 크리에이터 활동을 포기하지 않고 꾸준히 지속해가는 데 있어서 가장 필요한 요소는 바로 '자존감'이다. 나 스스로 나에 대해서 인정하고, 나에 대한 존엄성의 가치를 수용할 수 있을 때 유튜브 운영 또한 즐기면서 해낼 수 있다. 이러함을 가능케 하는 것 중 하나가 '자기 확언'의 과정이다.

자기 확언이란 내 신념에 대한 긍정적인 자기 암시를 말한다. 이것은 목표 달성을 위한 일종의 포괄적 계획이고 내가 그것을 이룬다는 내적 신념을 구축하는 일이다. 다시 말해 "내가 원하는 것은 ○○○이며, 이것을 반드시 해내고야 말겠다"라는 일종의 선언이다.

확언은 수천 년 전부터 철학자, 종교 지도자, 작가, 정치가들이 자기 계발의 방법 또는 동기부여의 수단으로 활용해 왔다. 1940년 나치 독일이 유럽을 초토화하던 시기에 처칠이 "우리는 해변에서 그들을 맞아 싸울 것이다"라고 한 연설은 영국민의 국난 극복 의지에 불을 댕긴 확언이었다. 또 1961년 미국의 존 F. 케네디는 대통령 취임 연설에서 "국가가 나를 위해 무엇을 할 수 있는지를 묻지 말고, 내가 국가를 위해 무엇을 할 수 있는지를 물어라"라는 확언으로 냉

미디어 콘텐츠로 세상과 소통하라

전 시대 미국의 국민 의식을 바꿨다. 이렇듯 확언은 내가 나를 목표 지점으로 끝없이 몰아가는 방법이다. 분야를 막론하고 최고의 성과자들은 성공을 확언한다.

필자 또한 '자기 확언'을 생활화하고 있다. 말의 힘은 아주 강력하다는 것을 믿기 때문이다. 옛말에 '말이 씨가 된다'라는 격언도 있지 않던가? 내가 이루고 싶은 모습에 대해서 확언하고 그것이 이루어진 것처럼 내 모습을 시각화하면, 나의 잠재의식은 그것을 사실로 받아들인다. 따라서 잠재의식은 지금 나의 현실적인 여건들을 내 확언대로 설정한다.

말은 내 속을 비추는 거울이고, 내 미래의 씨앗이라고들 표현한다. 유튜버는 인플루언서라는 생각을 늘 기억해야 한다. 자기 긍정의 에너지를 불어넣어 줄 수 있는 강력한 도구를 한번 사용해 보자. 자기 확언을 만들 때는 부정적인 표현이 아니라 긍정적인 표현으로 한다.

"나는 많은 사람 앞에서 자기 소개할 때 버벅거리지 않는다"라고 확언한다면 우리의 잠재의식은 '버벅거린다'에 집중하게 된다. 잠재의식은 부정어를 인식하지 못한다. 꾸준한 자기 확언 과정을 통해 내 안에 긍정적인 생각을 넣고 부정적인 생각은 공간에 자리하지 않게 하자. 결국은 반복만이 내가 원하는 것을 갖게 할 수 있다. 우리에겐 무한한 잠재의식이 있다. 내 안에 존재하고 있는 엄청난 거인의 힘을 믿어보자.

"나는 참 운이 좋은 사람이다. 내가 업로드하는 영상들은 많은 사람에게 선한 영향력을 주고 있다. 내 영상으로 인해 희망을 품는 이들이 많다. 나는 꽤 능력 있는 유튜버다. 많은 사람이 나를 좋아한다. 나는 오늘도 성장해가고 있다. 나는 참 멋있는 유튜버다."

이러한 말이 자신에겐 멋쩍고 많이 어색할 수도 있다. 평소에 이런 말을 해 보지 않았기 때문이다. 하지만 하지 않을 이유가 없다.

"누구를 위해서? 바로 나 자신을 위해서!"

여러분 자신을 위해 일주일만 해 보라. 가슴 밑바닥에서 자존감이 꿈틀대며 머리를 들어 올릴 것이다. 나의 자존감은 나 스스로 만들어 가는 것임을 기억하자. 나를 사랑해 주는 사람도 나의 자존감을 올려주는 데는 한계가 있다. 지하에 있는 자존감을 지상으로 올려줄 이는 바로 나 자신뿐이다. 언제 어디서든 당당하게 나를 지켜주고 든든하게 받쳐줄 자존감을 키우는 데는 '자기 확언'이 꽤 괜찮은 훈련이 되어주니 여러분들도 과감하게 해 보길 권한다. 결국엔 내 믿음이 전부다.

완벽함이 주는 함정

필자에게 유튜브를 배웠던 수강생이 교육이 끝난 이후에 유튜브 채널을 지속해서 운영하지 못하는 이유는 '완벽성'을 내려놓지 못해서다.

> "영상 편집이 아직은 서툴러서 좀 더 잘하게 되면 채널에 영상 올릴게요."
> "어떤 콘텐츠로 시작해야 할지 아직 명확하지 않아서 확실하게 정해지면 그때 할게요."
> "카메라 울렁증이 있어서 이상하게 카메라만 켜면 말을 못 하겠어요. 아직 마음의 준비가 덜 됐나 봐요."

수강생들이 유튜브 영상 업로드를 꺼리며 말한 내용들이다. 결국은 완벽하게 해내려는 삶의 패턴들이 그들의 발목을 잡고 있어서 첫발은 나와 함께 떼었지만 두 번째 발 떼기를 제힘으로 못해내는 것이다.

어떤 일을 진행하는 데 있어서 '완벽함'이 존재하는 것일까? 그것은 우리 자신을 늘 힘들게 하는 명제다. 자기가 만들어 놓은 '완벽'이라는 프레임 안에서 허우적대는 것이다. "이번에 만든 영상은 너무 잘 만들었어." "영상 길이도 적당해서 좋고, 내용도 아주 좋아." "영상 편집의 퀄리티 또한 완벽해." "이 영상으로 난 떡상할 수도 있어." 이렇게 생각하며 업로드했던 영상이 의외로 조회수도 안 나오고 시청자들의 반응 또한 나의 기대를 채우지 못할 때가 허다하다.

우리는 이 점을 잘 유념해야 한다. 내가 생각하는 것과 상대가 생각하는 관점, 다시 말해 서로가 호감을 느끼고 판단하는 생각의 잣대가 다르다는 것이다. 나 스스로 완벽하게 해서 드러내 보였다 할지라도 상대는 그렇게 생각하지 않을 수 있다는 것이다. 거기에서 우리는 괴리감을 느낀다.

"나는 유튜버로서 재능이 없는 것일까?"
"왜 조회 수가 잘 나오지를 않는 것일까?"
"내 영상은 유튜브 AI가 노출을 잘 안 시켜주나?"

이러한 부정적인 생각들은 한 걸음 더 내딛고자 하는 나를 방해하기 시작한다. 잘 안되는 한 가지 이유가 두 가지를 낳게 되고, 그 두 가지는 결국 여러 가지 이유를 낳게 되어 급기야 '난 유튜브와 맞지 않나 봐'라는 자기 합리화가 유튜브를 지속시킬 수 없게 만든다. 이는 완벽함이 주는 함정이다.

미디어 콘텐츠로 세상과 소통하라

"우리의 결점과 약점들, 불운한 실수 등이 오히려 이롭게 작용하여 우리를 보다 창조적이고 탄력적으로 만들어 주며 결국은 우리의 삶을 더욱 효율적이게 한다."『완벽함으로부터의 자유』[6]의 저자 베로니크 비엔느는 말한다. 불완전함은 엔트로피의 법칙에서 말하는 되돌릴 수 없는 퇴화의 과정을 완화시킬 수 있는 창조의 원동력이라고.

오늘날의 이상적인 아름다움은 이상적인 '자기다움'으로 대체되었다. 완벽함의 환상과 압박에서 벗어나는 길은 자기다움을 되찾고 인정하는 것이다. 언어 전달력이 조금은 어눌하더라도, 표정이 부자연스럽더라도 있는 그대로의 나의 모습을 아름답게 봐주어야 한다. 화려한 영상 편집 실력이 되지 않더라도 소중한 영상물 하나하나는 준비되는 대로 업로드해야 한다. 그렇게 실력이 쌓여 가는 것이고 지속해서 해나가는 근력을 키워가게 되는 것이다.

완벽하라고 종용하는 내 안의 모든 소리와 세상의 모든 것으로부터 자유로워지자. 진정 내가 아름다워질 수 있는 길은 바로 그것이다. 완벽해지고자 하는 그 마음 하나를 내려놓고 오로지 '나다운 나'에 집중하자. 진짜배기 나의 삶을 살자.

---

6   [베로니크 비엔느, 이혜경 엮음(2006, 나무생각)]

결국 해내는 사람들의 이야기 (모범 수강 사례)

필자에게 유튜브 교육을 받고 각자의 소신으로 영향력 있는 채널을 운영해가고 있는 10명의 모범 수강생들의 이야기를 풀어보고자 한다.

🔔 **양동할배**

Q. 채널 개설 동기는?

A. 제가 살고 있는 양동마을의 다양한 이야기들을 공유하고, 60대의 삶을 이젠 기록에 남기고 싶어서 유튜브를 시작하게 된 채널입니다.

미디어 콘텐츠로 세상과 소통하라

Q. 유튜브를 통해 이뤄가고 싶은 소망은?

A. 유튜브를 운영하면서 삶에 대한 새로움을 찾는 기회를 늘 발견하고 싶습니다. 훗날 손자 손녀들이 나의 기록물들을 보면서 나를 회상해주리라고 생각하면 마음이 훈훈해집니다.

Q. 유튜브 시작을 망설이는 분들에게 해 주고 싶은 말은?

A. "시작이 반이다"라는 생각으로 일단 시작하고 나면 여러 가지 방향 설정이나 콘텐츠가 자연스럽게 정해지리라 생각됩니다. 유튜브를 시작하려고 했을 때 조안쌤을 만난 것도 하나의 행운이라 생각합니다. 유튜브에 대한 막연한 생각보다는 누구나 할 수 있다는 생각으로 일단 도전해보기를 권장합니다.

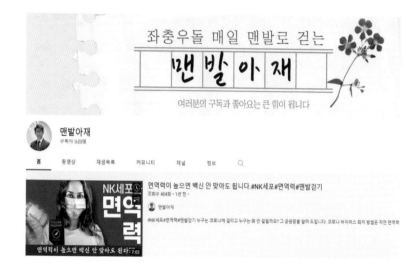

🔔 **맨발아재**

Q. 채널 개설 동기는?

A. 맨발 걷기를 통해 건강이 좋아졌습니다. 과학적으로도 증명이 된 맨발 걷기의 효능을 많은 분에게 전달하고, 건강 전도사가 되고자 채널을 개설하였습니다.

Q. 유튜브를 통해 이뤄가고 싶은 소망은?

A. 모든 병의 원인은 몸속 정전기와 활성산소라고 합니다. 그것을 빼줄 수 있는 유일한 방법은 '맨발 걷기'뿐입니다. 맨발 걷기로 변화된 나의 몸과 생각을 채널을 통해서 모든 분과 공유하려 합니다. 맨발 걷기를 한 후 암 치유 각종 중증질환 특히 고혈압, 당뇨, 수면장애, 수많은 질병이 빠른 시간에 치유되는 놀라운 효과를 발견하였습니다. 맨발 걷기의 중

미디어 콘텐츠로 세상과 소통하라

요성을 영상을 통해 알리고 누구나 쉽게 접할 수 있는 운동을 더 많은 분에게 전파하여 모두의 삶이 건강해지는 것이 저의 목표입니다.

Q. 유튜브 시작을 망설이는 분들에게 해 주고 싶은 말은?

A. '나도 할 수 있을까?'라는 생각이 자리하더라도 막상 시작하고 나면 재미도 있기에 누구나 할 수 있습니다. 50대 중반이 넘은 나이에 모든 것이 두려웠지만 "아빠, 대단하다"라는 딸아이의 말에 용기를 얻었고, 그것은 저에게 큰 격려가 되었습니다. 여러분, 망설이지 말고 지금 도전하십시오! 유튜브의 세계는 도전과 희망 그리고 행복입니다.

🔔 경주 구석구석TV

 경주구석구석TV
@경주구석구석TV ·
경주의 구석구석을 찾아가 숨은 이야기들을 전하겠습니다 ...더보기
🔔 구독중 ∨

· 홈   동영상   Shorts   🔍

추천

Q. 채널 개설 동기는?

A. 일반인들이 어렵게 생각하는 사주 명리를 아주 쉽게 설명해 보고자 채
널을 개설하였습니다.

Q. 유튜브를 통해 이뤄가고 싶은 소망은?

A. 태양처럼 밝은 빛으로 세상을 밝히고, 따뜻한 열로 세상을 비추어 힘든
사람들에게 삶의 힘을 주고 싶습니다.

Q. 유튜브 시작을 망설이는 분들에게 해 주고 싶은 말은?

A. 까이 꺼! 눈 딱 감고 시작하세요~!

미디어 콘텐츠로 세상과 소통하라

🔔 서유니 책 읽어주는 날

서유니 책 읽어주는 날
구독자 52명

홈   동영상   재생목록   채널   정보   Q

업로드한 동영상   ▶ 모두 재생

Q. 채널 개설 동기는?

A. 50대 중반에 할머니가 되었습니다. 문득 어릴 때 할머니가 들려준 옛
   날이야기가 귓전에 맴돌았습니다. "그렇다면 나는 어떻게 해야 할까?"
   라는 생각을 하다가 '손녀와 책을 통해 소통하고 손녀가 성장하는 과정'
   을 영상으로 담아보고 싶어 채널을 개설하게 되었습니다.

Q. 유튜브를 통해 이뤄가고 싶은 소망은?

A. 제 영상을 보는 중년의 할머니들도 아이들에게 책으로 좋은 영향을 전
   하는 행복한 세상이 되길 꿈꾸어 봅니다. 또한 새내기 엄마들이 영상에
   담긴 아기의 성장 과정을 알아가는 데 도움을 주고 아이들에게도 유용
   한 놀잇감으로 활용되길 소망합니다.

Q. 유튜브 시작을 망설이는 분들에게 해 주고 싶은 말은?

A. "시작이 반"이라는 말처럼 고민하고 생각만 하지 말고 즉시 행동하십시오. 많은 이에게 좋은 영향을 주고 싶은 간절함이 있다면 자상함과 능력, 높은 에너지를 겸비한 조안쌤에게 문을 두드려보세요! 분명 여러분들의 삶에 또 다른 길이 새로운 세계로 안내할 것입니다.

미디어 콘텐츠로 세상과 소통하라

🔔 농사와 음악TV

Q. 채널 개설 동기는?

A. 농사지으면서 취미생활인 '기타와 트럼펫 연주'하는 모습을 공유하고 싶어서 채널을 개설하게 되었습니다. 내가 잘할 수 있고, 즐길 수 있는 것을 나눌 수 있어 좋습니다.

Q. 유튜브를 통해 이뤄가고 싶은 소망은?

A. 논이나 밭에 유튜브 스튜디오를 차리고 실시간으로 소통하는 콘셉트를 이뤄보고 싶습니다.

Q. 유튜브 시작을 망설이는 분들에게 해 주고 싶은 말은?

A. 꾸준함에 대한 '강박관념' 그리고 일상을 괴롭히는 '귀차니즘'에서 벗어
   난다면 여러분들도 하실 수 있습니다. 많은 사람이 하는 데는 그 나름
   의 이유가 있는 법이지요. 광고 수익 활동을 떠나서 그 이면의 세계를
   경험해 보십시오.

🔔 강약살롱

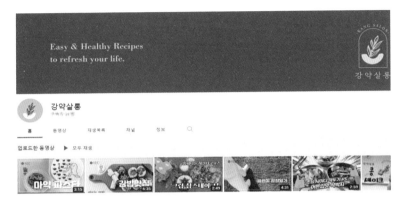

Q. 채널 개설 동기는?

A. 일하는 엄마이자 영양학과 약학을 전공한 사람으로서 건강한 음식이
   나의 근본이란 생각을 가지고 내가, 내 가족이 먹는 것에 대한 고민은
   늘 있었습니다. 바쁘고 피곤한 경우가 많아 항상 집밥을 해줄 수는 없
   지만 그래도 시간 내서 요리할 때는 그 시간만큼은 가족과 나를 위해
   서 온 마음을 쏟고 싶었습니다. 건강, 즐거움, 아름다움이 어우러져 간
   편하게 할 수 있는 여러 가지 방법들을 모아 자료를 만들어보고 싶어서
   채널을 개설하게 되었습니다.

Q. 유튜브를 통해 이뤄가고 싶은 소망은?

A. 주위에서 얘기합니다. 약사인데 유튜브에서 약에 관해 얘기해보는 게
   어떠냐고. 일단 약은 불편하면 먹기 시작하는 것이고, 음식은 당장 '오
   늘 점심은 뭐 먹지?'부터 생각할 수 있으니 공감대가 넓은 주제라고 생

각해요. 메인 캐릭터와 부캐릭터가 있듯이 내 채널은 나의 부캐를 찾아가는 새로운 여정이고, 이 길에서 다이어트나 당뇨 식단을 고민하는 분들께 전문가로서 작은 도움을 드리고 싶습니다.

Q. 유튜브 시작을 망설이는 분들에게 해 주고 싶은 말은?

A. 우리는 종종 남이 어떻게 판단할까를 은연중에 많이 생각해요. 내가 업로드하면 영상이 완벽해야 할 것 같고, 여기서부터 마음이 먼저 무거워지고 그러면 행동은 더 느려지고 그게 다시 '왜 하지 못할까?'하는 자괴감으로 되돌아옵니다. 채널을 오픈하고 영상을 공유하는 일은 나를 표현하는 일이고 나 스스로 나를 알아가는 새로운 과정이니 남들의 판단을 두려워할 필요는 없을 것 같아요. 결국 이러쿵저러쿵 말만 많이 하는 사람들은 자기가 해야 할 행동은 취하지 못하는 사람이니깐요. 내 자식 같은 영상물에 대한 아이디어를 생각하고 어루만지고 공유하는 새로운 경험을 해 보세요.

미디어 콘텐츠로 세상과 소통하라

🔔 포항모니카TV

포항모니카TV
구독자○명

홈   동영상   재생목록   채널   정보   🔍

업로드한 동영상   ▶ 모두 재생

Q. 채널 개설 동기는?

A. 매일 조금씩 성장하려고 노력하는 모습을 담아보고 싶어서 채널을 개

설하게 되었습니다.

Q. 유튜브를 통해 이뤄가고 싶은 소망은?

A. 유튜브를 시작하면서 '성장'이라는 단어를 늘 가슴에 품게 되었습니다.

어제와 오늘이 다른 나를 만나는 느낌, 그래서 소망은 계속 성장하는

나를 만나는 것이라고 생각합니다.

Q. 유튜브를 망설이는 분들에게 해 주고 싶은 말은?

A. 제가 주변에 유튜브를 권하면 "기계치다, 귀찮다, 어렵다" 이런 말을 많이 합니다. 저도 배우기 전에는 그렇게 생각했지만, 막상 해보면 그렇지 않음을 알게 됩니다. 낯선 프로그램에 대한 부담감과 귀찮음을 내려놓고 그냥 해보면 하게 됩니다.

'한 번도 안 한 사람은 있어도 하고 안 한 사람은 없다'라는 유튜브! 저처럼 50대를 의미 있게 보내고 싶으시면 꼭 시작하시길 권합니다. 잘하려는 부담감은 내려놓아야 합니다. 매일 똑같은 영상을 올리더라도 분명 다른 나를 만나게 될 것입니다. 그냥 심플하게 시작하면 해집니다. 아이를 낳아 키워본 엄마라면 출산의 고통도 이겨냈는데 이것쯤이야…. 도전하시길 강추합니다!

미디어 콘텐츠로 세상과 소통하라

🔔 낭독테라피 펄진책방

낭독테라피 펄진책방
@pjbookteller · 구독자 658명 · 동영상 274개
시와 인문학의 가교가 되어 낭독으로 치유를 꿈꾸는 펄진책방의 책방지기 펄진입니다 ...더보기
blog.naver.com/PostList.naver?blogId=kim16000 외 링크 1개

🔔 구독중 ∨

Q. 채널 개설 동기는?

A. 처음에는 단순히 시를 좋아해서 한 편씩 올렸습니다. 100일 필사와 낭
독으로 꾸준히 올리자, 구독자가 늘어남에 용기를 내어 낭독 공부를 한
후 시 낭독과 책 낭독을 접목하고자 했습니다.

Q. 유튜브를 통해 이루고 싶은 소망은?

A. 자녀들을 다 출가시키고 오롯이 나에게 집중할 수 있는 2막 인생에 좋
아하는 책과 시, 글쓰기 등의 종합 인문학 채널로 성장시키고 싶습니
다. 시니어 구독자들도 늘어가고 있는 시점에서 시니어들이 쉽게 듣고
즐겨 찾을 수 있는 채널이 되길 소망해 봅니다.

Q. 유튜브 시작을 망설이는 분들에게 해 주고 싶은 말은?

A. 누구에게나 자신만의 목소리가 있고 자신만의 특징이 있습니다. 그 소
리와 특징은 자기 검열이 심한 본인만 주저하고 검열합니다. 처음부터

잘하려는 완벽함을 내려두십시오. 자신만의 소리와 특징으로 일단 만들어서 업로드 시켜 보시길 바랍니다. '재능'이라는 것이 하늘에서 내려준 신동이 아닌 다음엔 '꾸준함' '열정'이 재능의 다른 이름이라고 생각합니다. 첫발, 첫 영상이 어렵습니다. 그 망설임의 허들만 뛰어넘으면 할 수 있습니다. 자기 검열 그만하시고, 망설임의 허들 넘으시고 실행하세요!! 그럼 꾸준함, 성실함이라는 재능의 다른 이름이 당신을 꼭 응원해 줄 것입니다!

미디어 콘텐츠로 세상과 소통하라

Q. 채널 개설 동기는?

A. 플라워 디자인과 반려 식물 관리, 그리고 플로리스트의 일상을 영상으로 전하고 싶어서 채널을 개설하게 되었습니다.

Q. 유튜브를 통해 이루고 싶은 소망은?

A. 첫째, 플로리스트로서 구독자들에게 꽃과 식물에 관한 전문지식을 전달하며 구독자들과 소통의 장을 만들어 가고 싶습니다.

둘째, 지금 운영 중인 플라워샵(꽃수레)을 유튜브 마케팅으로 접목하면서 사업의 매출 증가를 꾀하고, 다양한 분야와도 융합할 방법을 모색해 보고자 합니다.

Q. 유튜브 시작을 망설이는 분들에게 해 주고 싶은 말은?

A. '멋진 영상을 준비해서 시작하리라'라는 생각보다는 '시작하면 길을 찾는 방법을 터득하게 될 것'이라는 걸 아셨으면 합니다. '부족하지만 즐기면서 하는 놀이'라 여기며 해 보세요. 그래도 안 되면 조안쌤과 함께 해 보세요.

미디어 콘텐츠로 세상과 소통하라

약초본가TV
구독자 141명

홈　　동영상　　재생목록　　채널　　정보　　🔍

업로드한 동영상　▶ 모두 재생

Q. 채널 개설 동기는?

A. '약초본가'라는 건강원을 운영하고 있습니다. 약초에 관한 정보와 건강
한 건강즙 만들기에 관한 다양한 내용들을 공유하고 싶어서 채널을 개
설하게 되었습니다.

Q. 유튜브를 통해 이루고 싶은 소망은?

A. 유튜브 채널을 활성화시켜 산약초에 관한 지식을 공유하고 업장의 홍
보를 통한 매출 증대를 이뤄나가고 싶습니다.

Q. 유튜브 시작을 망설이는 분들에게 해 주고 싶은 말은?

A. 몇 번 반복해서 들으며 용어도 익혀갔고, 급하지 않게 천천히 따라가다
보니 어느새 영상 편집하고 있는 저 자신을 보게 되었습니다. 55세 때

부터 망설이며 주저했던 시간이 너무 아까워 후회스러웠습니다. 망설이지 마십시오. 늦을수록 더 후회합니다.

미디어 콘텐츠로 세상과 소통하라

당신은 어떠한 인플루언서가 될 것인가?

현장에서 수강생들에게 가장 많이 하고 강하게 힘줘서 하는 말이 "당당하게 하세요!"다. 유튜브 인플루언서는 당당하지 않으면 시청자의 사소한 말이나 악플에 흔들리게 된다. 당당할 수 없다는 것은 '걱정이 많다'라는 것이다. '내가 유튜버로서 잘 해낼 수 있을까?' '내가 영상 콘셉트를 잘 잡을 수 있을까?' '내가 영상 편집을 잘할 수 있을까?' '학창 시절 친구들이 나이 들어 뭐 하는 짓이냐고 뒷담화하진 않을까?' 등등.

세상에 산재해 있는 모든 걱정들을 한 아름 안고 있다. '걱정'이라는 것은 수많은 병을 일으키는 원인이 되기도 하고 인간의 수명을 단축하는 가장 큰 요인이다. 결국 이것은 유튜버가 가져야 할 진취적인 기상을 꺾으려 한다.

최초로 본격적인 자기계발서를 만들어 낸 미국 작가 데일 카네기(Dale Carnegie, 1888.11~1955.11)는 말했다. "해마다 자살한 사람의 수가 5가지 흔한 전염병으로 죽은 사람을 모두 합친 수보다 많다. 왜 이런 현상이 나타날까? 바로 걱정 때문이다." 또한 그는 "걱정거리를 일으키게 된 문제를 파악하고 분석한 다음 내가 할 수 있는 것에 대해 결단하고 그것을 즉시 실천에 옮길 수 있을 때 걱정으로부터 자유로울 수 있다"고 했다.

일어나지도 않을 일에 대해서 미리 걱정하고 그것을 준비하는 시간을 갖는 것보다 차라리 그런 생각을 하는 시간에 지금 내가 할 수 있는 것, 지금 내가 잘할 수 있는 것, 지금 내가 즐길 수 있는 것, 지금 내가 행복해질 수 있는 것들을 생각하며 그것에 관해 연구하고 계획해 가는 것이 훨씬 더 생산적이다. 그러한 에너지들은 비슷한 에너지들을 끌어당기면서 더 강력한 힘을 만들게 한다.

유튜브 인플루언서의 길은 끝없이 나를 알아가는 과정이다. 지금의 내 모습이 영원해선 안 된다. 변함이 없다는 것은 성장하지 않고 있다는 것이다. 어쩌면 조금씩 변해가는 내 모습을 나조차도 파악하지 못하고 있는지도 모른다. 우리 각자는 자신에게 한없이 관대하고 무던하며 관찰력이 둔하기 때문이다.

진정성 있는 유튜브 인플루언서가 되려면 '내 안의 나'와 밀접한 거리에 있어야 한다. 있는 그대로의 생각과 철학을 오픈해야 한다. 꾸밈에는 한계가 있다. 포장하고 또 포장하며 자신을 감싸는 건 필요 이상의 에너지를 요한다. 있는 그대로의 나를 보여줄 수 있을 때 우리는 진정 즐길 수 있다.

영상 콘텐츠를 준비해가는 과정에서 부족한 나를 발견하게 되면 거기에 안주하는 것이 아니라 더 성장하는 모습을 영상에 담아내기 위해 우리는 마음을 써야 한다. 일상의 작은 움직임이 반복을 더 해가다 보면 어느 순간 나는 꽤 괜찮은 내가 되어 있을 것이다.

"움직임은 어제와 다른 나로 변신하는 길들임이다. 길들여진 내 몸은 움직임을 통해 어제와 다른 나로 변신한다. 변신한 몸은 당분간 길들여진 상태로 움직인다. 지루한 움직임을 진지하게 반복하는 순간 내 몸에 반전이 일어난다. 핵심은 움직임에 있다."

-[유영만, 김예림(2021), 『부자의 1원칙, 몸에 투자하라』(블랙피쉬)] 중에서

유튜브 인플루언서는 움직임의 강자가 되어야 한다. 머릿속에 번뜩 들어오는 아이디어가 있으면 즉시 메모해야 하고, 행동으로 증명이 필요한 부분은 미루지 말고 바로 행동에 옮겨봐야 한다. 새로운 것에 늘 도전하는 마음을 게을리하지 않으면 내가 움직이는 것만큼 현실은 따라오게 되어 있다. 나는 그것을 절대적으로 믿는다.

행동력이 강한 유튜버는 말속에 에너지가 있다. 수강생들은 필자에게 '열정 아이콘'이라 애칭하기도 한다. 나 또한 자신에게 그렇게 말하기도 한다. '이거다!' 싶은 것에 미친 듯이 돌진해가는 집요함이 있다. 그것이 결과론적으로 해가 될 때도 있지만 보편적인 잣대를 놓고 봤을 때 나를 성장시키게 하는 원동력이 될 때가 더 많았다.

어떠한가? 움직임에 익숙한 유튜브 인플루언서로 거듭나고 싶지 않은가? 여러분들이 생각하고 마음에 담는 것만큼 여러분들은 그렇게 될 것이다. 아름다운 영향을 줄 수 있는 많은 유튜브 인플루언서가 동행해 주기를 바라본다.

미디어 콘텐츠로 세상과 소통하라